S'ENRICHIR FACILEMENT DANS L'IMMOBILIER AVEC LES SCPI :

LE GUIDE COMPLET

Ludovic MARIN

Éditeur : *AMAZON*

67 Boulevard du Général Leclerc, Clichy (92110), France.

Imprimeur : *AMAZON*

Impression à la demande

ISBN : 9781688558489

L'auteur

Ludovic MARIN est un auteur et un chercheur français. Docteur en histoire des relations internationales, il est passionné par l'écriture.

L'aventure éditoriale débute en 2017 avec la publication d'un premier livre sur la plateforme d'édition d'AMAZON. Le vif intérêt des lecteurs l'encourage alors à poursuivre l'aventure et à se lancer sur d'autres plateformes d'édition.

Plusieurs fois par an, il publie des livres qui s'adressent à tous les publics, comme des romans ou des nouvelles, ainsi que des ouvrages plus spécialisés (relations internationales, économie, histoire, développement personnel...). Ses oeuvres sont aujourd'hui traduites en plusieurs langues à travers le monde.

N'hésitez pas à consulter ses dernières publications sur sa page auteur AMAZON mise à jour en permanence[1].

[1] Page auteur de Ludovic MARIN : https://www.amazon.fr/Ludovic-MARIN/e/B072FSFPP2/ref=sr_ntt_srch_lnk_1?qid=1503233374&sr=1-1

Autres ouvrages publiés par Ludovic MARIN

Les livres sont disponibles en version papier et/ou ebook sur plusieurs plateformes d'édition (AMAZON, KOBO, GOOGLE…).

Économie :

- *S'enrichir facilement dans l'immobilier avec les SCPI : le guide complet*, Amazon, 2019, 199 p.
- *Les femmes méritent d'être aussi riches que les hommes : guide sur l'argent*, Amazon, 2019, 145 p.
- *Guide pour s'enrichir simplement avec l'immobilier des foncières cotées (SIIC et REIT)*, Amazon, 2019, 160 p.
- *La semaine des 7 Dimanches : stratégie pour s'enrichir et devenir rentier !*, Amazon, 2019, 199 p.
- *S'enrichir facilement avec les aristocrates du dividende français*, Amazon, 2019, 151 p.
- *Comment s'enrichir sans effort avec les dividendes des entreprises du CAC 40 ?*, Amazon, 2019, 189 p.
- *S'enrichir simplement avec les revenus passifs : travaillez moins, gagnez plus et vivez mieux !*, Amazon, 2019, 164 p.

- *S'enrichir facilement depuis chez soi avec l'immobilier coté et non coté (SIIC, REIT et SCPI)*, Amazon, 2019, 198 p.
- *Comment devenir riche avec les dividendes en 7 jours ?*, Amazon, 2018, 153 p.
- *Devenez riche automatiquement avec les dividendes croissants*, Amazon, 2017, 104 p.

Romans :

- *Chroniques des robots (Tome 1) : la porte de l'espace*, Amazon, 2018, 264 p.
- *Le secret des glaces*, Amazon, 2018, 231 p.
- *Odyssée dans l'espace*, Amazon, 2019, 213 p.

Nouvelles :

- *Nouvelles fantastiques : Tome 1*, Amazon, 2017, 80 p.

Développement personnel :

- *Parler pour convaincre : le livre de référence sur la parole en public*, Amazon, 2019, 102 p.
- *Construire une vie plus riche : 7 jours pour tout changer*, Amazon, 2017, 90 p.

Relations internationales :

- *La relation spéciale États-Unis – Canada (1867-1914)*, Amazon, 2019, 112 p.
- *La relation spéciale États-Unis – Canada (1834-1867)*, Amazon, 2017, 170 p.
- *La relation spéciale États-Unis – Canada (1763-1834)*, Amazon, 2017, 225 p.
- *15 leçons de géopolitique sur les États-Unis et le Canada*, Amazon, 2018, 140 p.
- *Le Québec dans la guerre froide : une relation spéciale avec la France*, Amazon, 2019, 194 p.
- *Le Québec dans la Seconde Guerre mondiale : une relation spéciale avec la France*, Amazon, 2018, 158 p.
- *Le Québec dans la Première Guerre mondiale : une relation spéciale avec la France*, Amazon, 2018, 131 p.
- *Le complexe militaro-industriel du Québec : évolution et liens avec la France*, Amazon, 2018, 171p.
- *Chroniques d'Amérique du Nord : Tome 1*, Amazon, 2017, 106 p.

Histoire :

- *Le Québec dans les guerres (1534-2014)*, Amazon, 2019, 292 p.

- *Le Québec sous l'occupation britannique (1759-1871)*, Amazon, 2017, 289 p.

*   *   *

Sommaire

Avertissement

L'auteur de cet ouvrage a tenu à apporter le plus grand soin à sa préparation. Il ne peut, cependant, pas être tenu pour responsable d'une mauvaise interprétation de son contenu, ni d'erreurs ou d'omissions totalement involontaires de sa part, ni de la mauvaise utilisation qui pourrait être faite par des tiers.

Toutes les informations fournies dans cet ouvrage sont, par nature, génériques. Elles ne tiennent pas compte de votre situation personnelle et ne constituent en aucune façon des recommandations personnalisées en vue de la réalisation de transactions et ne peuvent être assimilées à une prestation de conseil en investissement financier, ni à une incitation quelconque à acheter ou vendre des instruments financiers.

Le lecteur est seul responsable de l'utilisation des informations fournie. La responsabilité de l'auteur ne saurait en aucun cas être engagée en cas de dommages directs ou indirects quels qu'ils soient. Les propos de cet ouvrage sont fournis « tel quel » et ne peuvent donner lieu à des garanties quelles qu'elles soient. L'auteur ne garantit pas l'exactitude des propos des sites listés à titre informatif dans le présent ouvrage.

Liste des abréviations

Abréviation	Signification
AMF	Autorité des Marchés Financiers
CSG	Contribution Sociale Généralisée
IFI	Impôt sur la Fortune Immobilière
IFU	Imprimé Fiscal Unique
IS	Impôt sur les Sociétés
REIT	*Real Estate Investment Trust*
SCI	Société Civile Immobilière
SCPI	Société Civile de Placement Immobilier
SIIC	Société d'Investissement Immobilier
TMI	Taux Marginal d'Imposition

Note : tous les mots en langue étrangère utilisés dans le présent ouvrage sont écrits en italique.

Liste des définitions

Associé	investisseur dans des parts de SCPI.
Délai de jouissance	temps nécessaire, après l'achat d'une part de SCPI, avant que l'associé ne commence à toucher ses dividendes. Ce délai varie de 1 à 6 mois en fonction des SCPI.
Prime d'émission	cette prime est destinée à couvrir les frais engagés par la société de gestion tant pour la recherche et l'acquisition des immeubles que pour assurer la collecte.
Prix acquéreur	prix correspondant à l'achat de part de SCPI sur le marché secondaire (vente de parts déjà émises = ''marché de l'occasion'').
Prix d'exécution	prix de vente d'une part de SCPI à capital fixe sur le marché secondaire.
Prix de retrait	prix net perçu par l'associé quand il vend ses parts. Il équivaut au prix de souscription diminué de la commission de souscription hors taxe.
Prix de souscription	prix total (valeur nominale de la part et prime d'émission) à l'achat de part de SCPI sur le marché primaire (émission de

	nouvelles parts = ‘‘marché du neuf’’).
Société de gestion	entreprise chargée de la gestion des biens de la SCPI pour le compte des associés.
Valeur nominale	valeur de la part d’une SCPI lors de la création du capital social de la société.
Valeur de réalisation	valeur vénale du patrimoine immobilier à laquelle s’ajoute la valeur des autres actifs non immobiliers (trésorerie moins les dettes) de la SCPI. Il s’agit du prix que retirerait la SCPI de la vente des tous ses biens.
Valeur de reconstitution	ce sont les frais que la SCPI acquitterait pour reconstituer à l’identique son patrimoine.
Valeur de retrait	montant perçu par l’associé quand il cède partiellement ou en totalité ses parts. Ce prix correspond au prix de souscription diminué des frais d’entrée (commission de souscription).
Valeur vénale	prix de marché des différents biens qui composent la SCPI. A noter que la valeur du patrimoine d’une SCPI n’est pas stable d’une année sur l’autre. Cette valeur dépend de l’évolution du prix de l'immobilier.

Introduction

Les Français sont très attachés à l'immobilier et aiment y investir. D'abord ldans 'habitation principale bien sûr, et ensuite dans un studio ou un appartement. Ainsi, en 2019, 7 000 milliards d'euros sont investis dans l'ensemble du marché de l'immobilier en France[2].

L'immobilier constitue un actif qui évoque souvent pour les investisseurs la stabilité, en comparaison de l'évolution imprévisible des marchés financiers. Il s'agit pour de nombreuses personnes du « placement coffre-fort » par excellence qui a pu mettre à l'abri leur famille lors des périodes de fortes turbulences économiques. L'investissement immobilier permet également de se créer un revenu complémentaire : soit pour une utilisation immédiate, soit comme placement dans le cadre de la préparation à la retraite ou de la constitution d'un revenu passif. Une partie importante de leur patrimoine est donc consacrée à cette classe d'actifs. **Un actif est un bien ou un service qui rapporte des revenus à son propriétaire**.

Cependant, **si acheter un bien physique pour le louer est un mode d'investissement bien connu des particuliers pour s'enrichir, peu d'entre eux savent qu'il existe une**

---

[2] Mediaseine, « Immobilier : faut-il investir son capital en parts de SCPI » ?, 13 août 2019, 1 p.

méthode tout aussi efficace avec la « pierre papier ». De quoi s'agit-il ?

La pierre papier est un type de placement particulier dans le sens où on investit dans de l'immobilier par l'intermédiaire d'une entreprise. On investit dans un véhicule juridique, **la Société Civile de Placement Immobilier (SCPI)**, gérée par une société de gestion qui **utilise l'argent des investisseurs** (appelé les « sociétaires ») **pour investir dans de l'immobilier mis en location**. Après déduction des frais liés à la gestion du parc immobilier (taxe, assurance, rénovation…), **les loyers sont redistribués aux investisseurs au prorata des parts détenues**. On n'investit donc pas dans de l'immobilier au sens classique du terme mais dans une société qui investit dans l'immobilier. D'où le terme de pierre papier.

Pourquoi le présent livre ? Dans un précédent ouvrage, *S'enrichir facilement depuis chez soi avec l'immobilier coté et non coté (SIIC, REIT et SCPI)*[3], j'ai souhaité faire connaître au grand public la pierre papier au travers un guide relativement synthétique. Nombre de lecteurs se sont montrés intéressés par la parution d'un livre abordant plus spécifiquement l'immobilier non coté en bourse. J'ai donc choisi de répondre à cette demande avec l'ouvrage que vous tenez aujourd'hui dans les

---

[3] Ludovic MARIN, *S'enrichir facilement depuis chez soi avec l'immobilier coté et non coté (SIIC, REIT et SCPI)*, Amazon, 2019, 198 p.

mains. Par conséquent, **ce livre vous apprendra à générer des revenus passifs avec la pierre papier**.

Les SCPI se sont imposées comme un outil de financement du parc immobilier. En effet, ce support d'investissement est devenu incontournable pour le financement et la mutation du parc immobilier locatif en France mais également à l'international. Il répond aussi à la demande des investisseurs particuliers et institutionnels pour des produits de diversification, de long terme, à distribution régulière de revenus.

*   *

*

PARTIE I. DÉCOUVRIR LES SCPI

Immeuble de bureaux « Le Prisme », en France, de la société CREDIT MUTUEL PIERRE[4].

Les Sociétés Civiles de Placement Immobilier (SCPI) sont particulièrement à la mode depuis quelques années, mais les premières SCPI sont apparues dans les années 1960 ! Et ce phénomène a plutôt eu tendance à accélérer au cours des

[4] Site internet de CREDIT MUTUEL PIERRE (https://www.la-francaise.com/fr-fr/nos-solutions-pour-vous/nos-produits/product/Scpi/a7-credit-mutuel-pierre-1/ consulté le 27 décembre 2018).

dernières années car les placements financiers traditionnels, comme l'assurance-vie ou le « livret A », voient leur rentabilité s'éroder inexorablement, et les crises boursières depuis le début du XXIe siècle ont détourné une majorité de Français des marchés financiers.

Avant de rentrer dans les détails techniques et juridiques, commençons par définir les SCPI. Il s'agit d'une forme de société civile immobilière plus règlementée. Le principe est de proposer aux investisseurs un accès à l'ensemble des secteurs de l'immobilier par l'achat de parts d'une société de placement uniquement dédiée à l'immobilier. Propriétaires de nombreux actifs immobiliers, les SCPI reposent sur une mutualisation des risques. Les **SCPI permettent aux investisseurs de devenir copropriétaires d'un parc immobilier qui est mis en location**.

On parle de « pierre papier » parce que l'investisseur détient de l'immobilier sous forme de part (= du papier) et non pas de l'immobilier en direct (= de la pierre). On pourrait donc également parler d'immobilier papier. La pierre papier rend l'immobilier physique accessible à tous, pour un investissement modéré et aucun souci de gestion.

Chapitre 1. Qu'est-ce qu'une SCPI ?

Une SCPI est une société civile de placement immobilier dont l'objectif est l'acquisition et la gestion de biens immobiliers locatifs (centres commerciaux, hôtels, entrepôts, établissements de santé…). En échange des fonds collectés auprès des investisseurs, la SCPI leur remet des titres de propriété qui correspondent à des parts en fonction du montant investi (d'où l'appellation de « pierre papier »). Avec l'argent collecté, la société de gestion qui gère la SCPI achète des biens immobiliers, les entretient, perçoit les loyers et reversent ces derniers aux investisseurs.

Chaque SCPI est propriétaire de plusieurs immeubles avec une certaine diversité, tant en matière de type de biens que de situation géographique. De même, la SCPI compte de nombreux locataires. La surface totale du patrimoine de la SCPI permet ainsi, lorsqu'un imprévu lié à un immeuble ou un locataire survient, de diluer ce risque et d'en minimiser l'impact pour les investisseurs. En multipliant les immeubles détenus et le nombre de locataires, la pierre papier permet de répartir les risques (départ imprévu de locataires, loyers impayés, variations des prix sur le marché…). L'idée est tout simplement de ne pas mettre tous ses œufs dans le même panier.

L'achat de parts de SCPI est un investissement dans l'immobilier locatif indirect. Mais, à la différence de l'acquisition d'un bien physique, une fois cet achat effectué, vous n'avez plus rien à faire ! Sinon à suivre vos investissements, percevoir vos revenus et les déclarer aux impôts.

L'investissement dans l'immobilier avec la pierre-papier est beaucoup moins onéreux que l'achat de biens physiques. En effet, les parts de SCPI sont généralement accessibles à partir de centaines d'euros. Cela rend la SCPI particulièrement attractive pour les jeunes ou pour toute personne qui souhaite placer son épargne sans disposer de sommes importantes. L'achat de parts de SCPI peut également se faire 100% à crédit et donc sans aucun apport. Un point particulièrement important pour les primo-accédants.

L'acquéreur de parts de SCPI s'appelle un « associé ». La société est propriétaire des biens et se charge de la gestion de la location. En tant que détenteur de parts, vous ne participez pas à la gestion, mais vous en percevez les fruits. Après déduction de tous les frais (entretien, gestion, impôts locaux, assurances, etc.), la SCPI redistribue le résultat aux associés, chacun en proportion du nombre de parts qu'il possède.

Il existe différents types de SCPI en fonction de vos objectifs :

- **Les SCPI de rendement** ont pour but de distribuer des revenus réguliers à l'investisseur ;
- **Les SCPI fiscales** ont pour objectif de permettre aux souscripteurs de bénéficier d'avantages fiscaux pour faire baisser leurs impôts. On trouve des SCPI Robien, Duflot, Girardin, Scellier, Pinel, déficit foncier, monument historique ou encore Malraux. Le point commun de tous ces véhicules d'investissement réside dans l'acquisition d'un parc immobilier dont les caractéristiques correspondent aux différentes lois fiscales ;
- **Les SCPI de plus-value** se focalisent sur le potentiel de revalorisation d'un bien immobilier au détriment du versement de revenus réguliers. Par exemple, il existe des SCPI investis dans les logements qui ne distribuent aucun revenu mais génèrent des plus-values intéressants à terme.

L'acquisition de parts de SCPI intéressera le particulier qui souhaite investir dans l'immobilier sans se soucier de la gestion des loyers, de l'entretien des locaux ou qui souhaite diversifier son patrimoine immobilier. Par la nature de leurs actifs, les

SCPI offrent à long terme (> 15 ans) une rentabilité supérieure à celle enregistrée dans l'immobilier d'habitation.

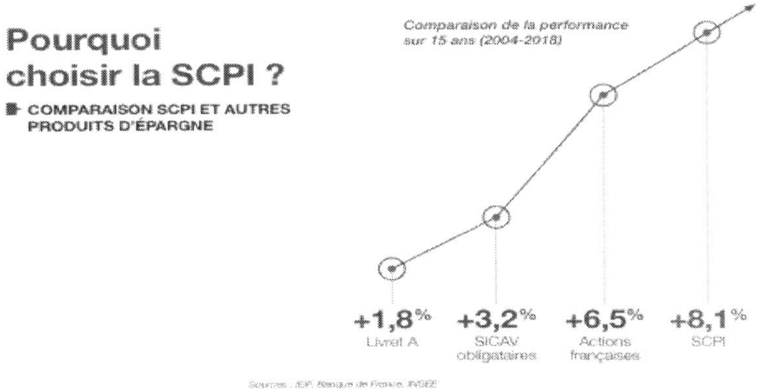

COMPARAISON SCPI ET IMMOBILIER LOCATIF EN DIRECT

	SCPI IMMOBILIER D'ENTREPRISE	IMMOBILIER LOCATIF DIRECT
Revenu distribué	Net de toutes charges (gestion, travaux, taxes...)	Charges et taxes restant à payer
Mutualisation	Plusieurs locataires, plusieurs immeubles	Pas de mutualisation
Gestion locative	Société de gestion agréée par l'AMF	A la charge du propriétaire
Type d'actifs immobiliers	Bureaux, commerces, résidences de tourisme... selon la SCPI	Logements
Investissement minimum	1 part (quelques centaines d'euros)	1 lot (plusieurs dizaines de milliers d'euros)
Liquidité	Marché réglementé Système de parts	Marché immobilier traditionnel Indivisibilité du lot

Source : **Primaliance**[5].

Dernière bonne nouvelle, les SCPI offrent des performances financières qui sont nettement meilleures que celles de l'immobilier résidentiel. En fonction du patrimoine

[5] Primaliance, *Investir en SCPI : le guide*, 2019, p.12.

qu'elles détiennent, les SCPI peuvent vous offrir les performances suivantes :

- 1% à 3% : il s'agit d'un rendement médiocre sachant que **l'inflation est, en moyenne, de 2% par an depuis le début du XXIe siècle** ;
- 4% à 6% : il s'agit d'un rendement moyen. La majorité des SCPI vous proposeront un rendement dans cette fourchette ;
- > 6% : il s'agit d'un excellent rendement. Seule une minorité de SCPI vous proposeront une telle performance. Souvent, les sociétés qui offrent d'excellents rendements doivent investir à l'étranger (Union européenne ou plus loin) ;

Pour que vous puissiez mieux mesurer l'intérêt des SCPI, nous allons prendre un exemple. Ainsi, si vous achetez 100 000€ de parts de SCPI avec un rendement de 5%, vous percevrez 5 000€ de loyer par an (soit 416€ par mois). Ce rendement est net de frais d'assurance, net de frais de gestion, net de taxe foncière, et de charges de copropriété. Aucun frais n'est plus à déduire de vos revenus de SCPI, sauf votre fiscalité. En comparaison, en 2019, l'immobilier résidentiel que vous pourriez détenir en direct (appartement…) en France ne vous fournira qu'un rendement compris entre 3% et 5%. Par conséquent, la pierre papier constitue un investissement à ne pas négliger.

Les SCPI restent un véhicule d'investissement simple reposant sur un actif tangible : l'immobilier. Mieux encore, elles font profiter les associés des belles performances de leur sous-jacent car la part se valorise en parallèle de la progression du prix des actifs en portefeuille. **Les SCPI sont donc un excellent moyen soit de devenir financièrement indépendant, soit d'obtenir un revenu complémentaire une fois à la retraite**.

Chapitre 2. Fonctionnement d'une SCPI

Une SCPI est constituée d'une société de gestion, chargée de gérer le patrimoine, et de biens immobiliers. La société de gestion doit être agréée par l'Autorité des marchés financiers (AMF) et doit publier une notice au "Bulletin d'Annonce légale obligatoire" (BALO) ainsi qu'établir un bulletin de souscription. Cela peut paraître surprenant qu'un produit ayant comme sous-jacent de l'immobilier soit contrôlé par une institution financière telle que l'AMF mais cela s'explique par le statut juridique des SCPI.

Les SCPI ne sont pas cotées en bourse. Leur capital de la société est divisé en parts nominatives réparties entre les associés. Tous les investisseurs, et donc les porteurs de parts de la SCPI, sont associés, chacun en proportion de leurs investissements. En cas de faillite de la SCPI (cas exceptionnel), le risque de l'épargnant est la seule perte de son apport. **Le capital d'une SCPI peut être fixe ou variable**.

Dans **la SCPI à capital fixe**, le capital est limité à un montant maximum et donc à un nombre d'associés maximum. Pour entrer et sortir de la SCPI, il faut qu'il y ait une opération de grés à grés dans les deux cas entre un vendeur de parts et un acheteur de parts. Le prix est donc fixé à chaque transaction d'un commun accord. Une SCPI à capital fixe peut être déclarée

« fermée » lorsqu'elle a atteint sa taille maximale ou lorsque le patrimoine immobilier est parvenu à un équilibre qui ne nécessite pas de nouvelles acquisitions.

Le montant maximum du capital d'une SCPI à capital fixe n'est pas figé dans le temps. En effet, ces SCPI peuvent voir leur capital évoluer. En clair, le capital reste fixe dès lors que l'émission de parts nouvelles n'a pas fait l'objet d'une décision de la société de gestion. Et il revient à celle-ci de fixer le montant, le volume et la durée de l'augmentation de capital.

Dans **la SCPI à capital variable**, le capital est évolutif dans le temps et des parts s'échangent constamment entre entrants et sortants. La taille de la SCPI est directement liée aux demandes de souscription (achat) ou de retrait (vente). Les souscriptions de parts nouvelles sont possibles à tout moment tant que le capital plafond n'est pas atteint. Pratique, mais attention, cette flexibilité a ses limites : dès lors que le capital maximum fixé dans les statuts est atteint, impossible pour vous de souscrire. Vous devez attendre que des parts se libèrent sur le marché secondaire ou bien espérer une augmentation de capital par la société de gestion.

Le marché secondaire des SCPI à capital variable est très encadré. En effet, vous devrez passer obligatoirement par la société de gestion pour vendre vos parts. Cette dernière en fixe le prix, lequel est déterminé en fonction de la valeur des biens immobilier de la SCPI. Autrement dit, la valeur des parts de SCPI à capital variable n'est pas impactée par les fluctuations d'ordres d'achats ou de ventes. Elle est simplement dictée par le seul critère de « valeur ». Par conséquent, vous ne pourrez pas spéculer sur le prix des parts !

Attention ! Même si les SCPI ne sont pas cotées en bourse, **le capital investi n'est en aucun cas garanti par la société de gestion**. Il peut fluctuer à la hausse comme à la baisse, au même titre qu'un bien physique détenu en direct. De plus, gardez à l'esprit que, dans des situations de crise économique, il peut arriver qu'aucun acheteur ne se profile. Vous ne pourrez alors vendre vos parts. Il s'agit heureusement d'un cas extrême et très rare. Par exemple, cela est arrivé en 1993[6].

Lors de la souscription (achat) de parts, l'associé reçoit un titre de propriété (certificat nominatif de parts) lui indiquant les numéros de parts qu'ils possèdent. Ceci lui ouvre un droit de vote en assemblée générale équivalent au prorata des parts ainsi que la perception des loyers émanant du parc immobilier. En tant qu'associé, vous avez d'importantes prérogatives. Vous votez chaque année en assemblée générale

---

[6] Naol, « La crise des SCPI : 1993-1997 », 29 novembre 2018 (https://blog.nalog.fr/crise-scpi-1993-1997/ - consulté le 30 juillet 2019).

ordinaire des associés, voire parfois en assemblée générale extraordinaire, une liste de résolutions incontournables comme l'approbation des comptes de la SCPI, le quitus à la société de gestion pour l'exercice clos ou encore l'élection des membres du conseil de surveillance.

Le fait que les SCPI ne soient pas cotées sur les marchés financiers offre des avantages et des inconvénients. Le principal avantage est que le prix des parts ne subit pas la volatilité de la bourse. Le gros inconvénient est que les parts sont peu liquides, c'est-à-dire qu'elles ne s'achètent ni ne se vendent instantanément. **Il y a un délai de cession des parts de SCPI qui peut être important, tout comme avec de l'immobilier physique**.

Pour chaque achat d'une nouvelle part, vous devrez attendre plusieurs mois avant de recevoir votre premier loyer. C'est ce que les sociétés de gestion appellent le « délai de jouissance ». Pour la vente, c'est la même chose. Il faut attendre une séance, généralement mensuelle, de confrontation des offres de ventes et d'achat. Par conséquent, gardez en tête **que l'achat/vente de parts de SCPI est moins rapide que des actions**.

Les SCPI œuvrent dans de nombreux secteurs de l'immobilier. Chacun de ces secteurs présente des caractéristiques propres en termes de business, de risques et de rentabilité. Par exemple, l'hôtellerie est le secteur le plus sensible à la conjoncture économique, suivi des bureaux, de la logistique, de l'immobilier résidentiel, de l'immobilier commercial et enfin de santé. Une SCPI peut être spécialisée dans l'un des secteurs de l'immobilier ou, au contraire, diversifiée. Elle peut également avoir un patrimoine concentré dans un seul pays ou, à l'inverse, diversifié à l'international.

Toutes les SCPI ne se ressemblent pas. Chacune présente des patrimoines différents et… de qualités inégales. Seule la qualité du travail réalisé par la société de gestion permet de vérifier la performance de la SCPI à long terme.

Une SCPI n'a que deux leviers pour générer plus de profits. En effet, elle peut soit augmenter les loyers de ses biens, soit acquérir de nouveaux biens. Elle peut tout à fait faire les deux. Elle peut également recourir à l'emprunt. L'objectif d'une SCPI est d'accroître son patrimoine car l'acquisition d'une taille critique lui permet d'être moins sensible aux cycles économiques et au risque de loyers impayés. Une taille importante permet aussi à la société de pouvoir « faire tourner » son patrimoine immobilier en procédant périodiquement à des ventes de biens considérés comme « matures » pour en acquérir d'autres présentant un potentiel de valorisation plus intéressant. Rappelez-vous toujours que le **but des SCPI est d'obtenir des**

loyers réguliers à reverser aux associés. La durée et la forme des baux varient d'un pays à un autre mais cela ne vous concerne pas.

La société de gestion de la SCPI se charge pour vous de la gestion des biens. Ses missions sont les suivantes :

- collecte des capitaux auprès des investisseurs ;
- investissement (acquisition/vente de biens) ;
- gestion et développement du patrimoine (entretien des biens, paiement des taxes, vacances locatives, impayés…) ;
- reversement des loyers, sous forme de dividende, aux associés de la SCPI ;
- information des associés et du public sur les éléments caractéristiques du fonctionnement de la SCPI.

Comme vous pouvez le constater, **la mission de la société de gestion est d'épargner à l'investisseur tout souci de gestion des biens immobiliers puisque c'est elle qui s'en occupe**. La distribution des loyers, appelés « dividendes », est effectuée soit mensuellement, soit trimestriellement, à la suite du délai de jouissance. La société de gestion se réserve le droit de mettre une partie des loyers en réserve, appelée le Report à

Nouveau (RAN), permettant de faire face à une dégradation de la conjoncture économique.

En contrepartie de tous les services qu'elle vous rend, la société de gestion prend des frais. Elle se rémunère lors de votre achat par une commission de souscription (environ 10% soit l'équivalent des frais de notaire et d'agence pour une détention d'immobilier en direct), des frais de gestion annuels (environs 1% des recettes de la SCPI), et enfin d'une commission de cession liée à la vente de vos parts de SCPI (frais de dossiers).

Une société de gestion agit dans l'intérêt des copropriétaires de la société immobilière en :

- achetant des biens uniquement quand les prix sont bas (sinon elle doit savoir patienter jusqu'à la prochaine opportunité d'investissement) ;
- valorisant les biens possédés (redécoupage des espaces, agrandissement, modernisation, ajout de nouvelles commodités…) ;
- maintenant un taux d'occupation élevé ;
- cédant les immeubles jugés « matures » pouvant être vendus quand les prix sont élevés ;
- contenant ses frais administratifs de gestion.

Cependant, tout n'est pas rose dans le monde des SCPI. En effet, **les sociétés de gestion peuvent parfois ne pas agir dans l'intérêt des associés**. Ainsi, certaines d'entre elles peuvent être tentées de faire grossir le patrimoine à tout prix (par exemple en multipliant les augmentations de capital), afin de maximiser leurs honoraires. Si les achats de nouveaux biens immobiliers se font à n'importe quel prix et avec n'importe quel locataire, le rendement des loyers peut finir par diminuer. Ces opérations peuvent donc être dilutives pour les actionnaires existants et obérer les dividendes futurs.

Cependant, rassurez-vous, il existe de nombreuses protections pour l'associé d'une SCPI. En effet, le législateur est intervenu afin de sécuriser les investissements dans la pierre-papier. Vous éviterez ainsi les grosses surprises.

Première sécurité, **les sociétés de gestion de SCPI sont encadrées par un Conseil de surveillance**. Ce Conseil, composé d'associés élus en Assemblée Générale, assiste la société de gestion, émet des préconisations, vérifie et contrôle les actes de gestion et rend comptes des observations aux associés. Il peut opérer les vérifications qu'il juge opportunes et demander à la société de gestion un rapport sur la situation de la société. Le conseil de surveillance d'une SCPI doit rendre un rapport annuel sur le résultat de ses contrôles. Les membres du conseil ne contractent, en raison de leur fonction, aucune obligation personnelle ou solidaire en conséquence des engagements de la SCPI. Ils ne répondent, envers la société et envers les tiers, que de leurs fautes personnelles dans le cadre de l'exécution de leur mandat de contrôle.

Deuxième sécurité, **un commissaire aux comptes contrôle et certifie les comptes annuels de la SCPI**. Celui-ci est désigné pour 6 ans par l'Assemblée générale des associés. Si le travail de la société de gestion ne convient pas aux associés, ils peuvent librement en changer. En effet, la société de gestion n'est qu'un intermédiaire entre les biens immobiliers et vous qui êtes le réel propriétaire des biens. **Les associés ont le droit de se séparer d'une société de gestion qui ne donnerait pas entière satisfaction et de confier la gestion de la SCPI à une autre structure de gestion**. Par exemple, en 2016, les associés ont voté à la majorité un changement de gestionnaire pour la SCPI ATLANTIQUE PIERRE 1 en transférant la gestion de FIDUCIAL GÉRANCE à PAREF GESTION.

Troisième sécurité, **chaque année, un expert immobilier, indépendant de la société de gestion, effectue une expertise immobilière de la SCPI**. Ce dernier est nommé pour 4 ans par l'Assemblée générale des associés. Sa mission est d'établir la valeur des biens de la société. Cela renforce le contrôle externe à la société de gestion sur les actifs de la SCPI. Chaque année, l'expert immobilier doit transmettre à la société de gestion l'évaluation de l'ensemble des immeubles de la SCPI. Cette valeur vénale d'un immeuble est le prix présumé qu'accepterait de donner un investisseur éventuel dans l'état et le lieu où se trouve les biens de la société. Elle sert à déterminer la valeur de réalisation de la SCPI, qui est égale à la somme de la valeur vénale des immeubles et de la valeur nette des autres actifs de la société, ainsi que la valeur de reconstitution de la SCPI, qui est égale à sa valeur de réalisation augmentée de l'estimation des frais liés dans le cas d'une éventuelle reconstitution de son patrimoine. L'inventaire détaillé de l'expert doit figurer dans le rapport annuel de gestion.

Quatrième sécurité pour les associés, **l'AMF joue un rôle central dans le contrôle des SCPI**. En effet, elle s'occupe non seulement de donner un agrément spécifique à un petit nombre de sociétés de gestion triées sur le volet, mais elle exerce également un contrôle permanent. La sanction peut être radicale en cas de non-conformité. Par exemple, en 2018, l'AMF a prononcé le retrait d'agrément de la société VENDOME CAPITAL PARTNERS, qui gérait la SCPI VENDOME REGIONS, car la société ne respectait plus les conditions de son agrément[7].

---

[7] AMF, « L'Autorité des Marchés Financiers a prononcé le retrait d'agrément de la société de gestion de portefeuille Vendôme Capital Partners », Communiqués de presse, 12 février 2018, 1 p.

Enfin, cinquième et dernière sécurité, **les investisseurs ont leur mot à dire sur la gouvernance et les décisions stratégiques de la SCPI au moins une fois par an**. En effet, en tant qu'associé, vous avez un droit de vote aux assemblées générales. L'assemblée générale est convoquée par la société de gestion. A défaut, elle peut être également convoquée par le conseil de surveillance ou par un commissaire aux comptes. Une assemblée peut également être convoquée par un mandataire désigné en justice à la demande, soit de tout intéressé en cas d'urgence, soit d'un ou de plusieurs associés réunissant au moins 1/10ème du capital de la SCPI.

L'Assemblée Générale Ordinaire (AGO) réunit annuellement l'ensemble des associés d'une même SCPI pour qu'ils :

- approuvent les comptes et la gestion de l'année écoulée ;
- approuvent les valeur d'expertise, de réalisation et de restitution des parts ;
- élisent les membres du conseil de surveillance ; nomment le commissaire aux comptes et l'expert immobilier ;
- consultent la société de gestion sur la vie de leur investissement ;

- se prononcent sur la détermination du montant maximum des emprunts pouvant être contractés par la SCPI.

Lors de cette assemblée, le conseil de surveillance présente ses observations ou commentaires sur le rapport présenté par la société de gestion. **Chaque associé dispose d'un nombre de voix proportionnel à sa part du capital de la SCPI** (1 part = 1 voix). **Les décisions de l'assemblée générale sont prises à la majorité des voix** dont disposent les associés présents ou représentés.

Lorsque cela est nécessaire, une Assemblée Générale Extraordinaire (AGE) est convoquée pour prendre des décisions dites « hors du commun ». Celle-ci peut décider une augmentation du capital de la SCPI, sa réduction, la dissolution anticipée ou la prolongation de la durée de la société. Elle peut également modifier les statuts sans pouvoir toutefois changer la nationalité de la société.

Pour délibérer valablement, l'assemblée générale doit être composée d'un nombre d'associés représentant au minimum un quart du capital social sur première convocation pour une assemblée générale ordinaire et de la moitié pour une assemblée générale extraordinaire. Si cette condition n'est pas remplie, une nouvelle assemblée est convoquée une deuxième fois à six jours d'intervalle au moins. Celle-ci délibère valablement, quel que soit le nombre d'associés présents ou représentés, mais seulement sur les questions portées à l'ordre du jour de la première réunion.

Chapitre 3. Avantages et inconvénients des SCPI

Les SCPI ont un statut très réglementé et elles sont étroitement contrôlées. Elles constituent un placement parfait pour les investisseurs à la recherche de revenus complètement passifs. Ce placement s'adresse aussi bien à l'investisseur en quête de constitution d'un patrimoine, qu'à l'investisseur senior, ou encore à l'investisseur qui souhaite déléguer la gestion de biens pour ne recevoir que les revenus. Cependant, avant d'acquérir des parts, il est recommandé de prendre le temps de connaître les avantages et les inconvénients des SCPI.

Les SCPI offrent de multiples avantages qui en font une bonne source de revenus passifs :

- **pas de gestion des biens immobiliers** : l'associé n'a pas à se préoccuper de la gestion des locataires, des travaux, des loyers, des sinistres… Toute la gestion est assurée par la société de gestion de la SCPI. L'investisseur se repose dès lors sur le professionnalisme de ces sociétés ;
- **les actifs détenus par la SCPI sont des biens immobiliers réels** : le mot « pierre papier » ne doit pas vous laisser croire que vous allez investir dans du vent. En achetant des parts de SCPI, vous devenez

copropriétaire, aux côtés d'autres associés, de biens immobiliers physiques ;

- **stabilité des locataires** : les SCPI veillent à la qualité de leurs locataires afin de générer des flux de loyers stables ;
- **possibilité d'avoir accès à l'ensemble des secteurs de l'immobilier** : grâce à leurs fonds importants, les SCPI acquièrent des biens inaccessibles à un simple particulier (centres commerciaux, hôtels, entrepôts…) ;
- **mutualisation des risques** : les SCPI disposent d'un parc immobilier diversifié, aussi bien sur le plan des secteurs immobiliers, que pour la géographie le nombre de locataires. De ce fait, vous n'êtes pas dépendant d'une seule région, d'une seule ville et d'un type de bien. En cas de difficulté intervenue sur l'un des biens de la SCPI (vacance, impayé de loyers, sinistre…), l'effet négatif est dilué avec les autres revenus tirés des autres biens en location ;
- **pas d'effort de trésorerie** : avec le Report à Nouveau (RAN), la SCPI provisionne par elle-même toutes les dépenses afférentes à l'entretien de ses biens immobiliers. Vous n'avez jamais à mettre la main à votre portefeuille pour régler des factures. Ainsi,

l'investisseur n'a que des flux rentrants d'argent, il n'a aucune dépense à prévoir dans le cadre de la détention des parts de SCPI. C'est beaucoup plus avantageux que de détenir de l'immobilier en direct qui impose toujours des travaux à prévoir (toiture, électricité, chaudière…) ;

- **transparence de l'information** : les SCPI ont l'obligation légale d'informer leurs associés sur la vie de la société (bulletins trimestriels, rapport annuel…) ;
- **accessibilité du prix des parts** : pour quelques centaines d'euros, vous devenez propriétaire de parts. La SCPI vous reverse ensuite un dividende pour chaque part détenue. Par conséquent, pas besoin d'un gros budget pour investir, l'immobilier pierre-papier est accessible à tous ;
- **possibilité d'acheter des parts de différentes manières** : achat de SCPI au comptant, à crédit, en démembrement temporaire de propriété ou par le biais d'une assurance vie. Ce placement vous permet de choisir avec une grande souplesse votre stratégie patrimoniale. Les formalités de souscription sont assez réduites avec la signature de simples bulletins de souscriptions. Il n'est pas besoin d'avoir recours à un notaire ;

- **possibilité de vendre autant de parts que vous voulez** : vous pouvez décider de vendre la totalité ou seulement quelques parts de SCPI, alors que vous ne pouvez pas décider de ne vendre qu'un morceau du logement que vous avez mis en location ;
- **encadrement juridique étroit des SCPI** : elles sont contrôlées avec une grande rigueur par l'Autorité des Marchés Financiers ;
- **le rendement offert par les SCPI est nettement supérieur à l'inflation** : depuis le début du XXIe siècle, le taux d'inflation ne dépasse pas les 2% par an. Les SCPI vous proposent, en moyenne, 5% de rendement par an. Ce placement vous permet donc de vous enrichir, contrairement à un « livret A » (rendement : 0,75% en 2019) ;
- **revenus réguliers** : vous percevez vos dividendes soit de manière mensuelle, soit de manière trimestrielle (cas de la majorité des SCPI) ;
- **facilité de transmission du patrimoine** : les parts de SCPI se divisent beaucoup plus simplement entre plusieurs héritiers que l'immobilier physique. Cela permet d'éviter d'inutiles tensions familiales dans le cadre d'une succession.

Cependant, comme tous les investissements, les SCPI comportent plusieurs inconvénients :

- **des frais de gestion importants** : les SCPI prennent des frais au moment de la souscription des parts (en moyenne 10%), ce qui est proche des frais d'une acquisition immobilière en direct, et facturent des frais de gestion sur le loyer perçu auprès des locataires (environ 10% du loyer). Ces frais de gestion sont comparables à ceux d'un bien locatif dont la gestion est confiée à une agence. L'investissement dans les SCPI demande donc d'avoir du temps pour rentabiliser ces frais ce qui peut limiter la liquidité de ce support. Vous avez tout intérêt à ne pas céder vos parts pendant au moins 3 ans car les frais d'entrée grèveront votre rendement. La durée de placement minimale recommandée est généralement de 5 à 9 ans. Mais il est beaucoup plus intéressant de garder les parts de SCPI à vie (ou du moins tant que le rendement rapporte au minimum deux fois plus que l'inflation) ;
- **votre capital n'est pas garanti** : comme en immobilier direct, la valeur des parts de SCPI évolue dans le temps et suit des cycles, qu'ils soient à la hausse ou à la baisse.

Cependant, tant que les parts ne sont pas cédées, toute moins value n'est que latente et n'entraîne aucune perte réelle de capital ;

- **la liquidité n'est pas assurée** : les sociétés de gestion ne garantissent ni le retrait, ni la revente des parts ;
- **Risque de perte de rendement** : le rendement des SCPI n'est jamais garanti d'une année à l'autre. Dans un contexte économique moins favorable, la baisse des revenus locatifs (DVM) versés aux associés est liée à la diminution du taux d'occupation ou à la baisse du montant global des loyers versés par les locataires. Cette baisse peut toutefois être contenue par une gestion active telle qu'une diminution des dépenses ou l'usage du RAN pour compenser la diminution du dividende ;
- **obsolescence du patrimoine de la SCPI** : le marché de l'immobilier évolue avec les besoins de la société. Par exemple, pour l'immobilier de bureaux, le développement du numérique et du nomadisme d'entreprise (télétravail, coworking…) peuvent conduire à une réduction des besoins d'espace de travail et donc de la demande locative en bureaux. Si la société de gestion se montre proactive, elle saura « faire tourner » son portefeuille d'actifs afin de vendre à temps les biens

peu rentables pour en acquérir d'autres au potentiel plus élevé. C'est là que vous pourrez mesurer la véritable qualité du management de la SCPI ;

- **défaut du gestionnaire** : une défaillance de la société de gestion est toujours possible. Toutefois, la loi prévoit la possibilité de transférer la gestion d'une SCPI à une autre société de gestion agrée par l'AMF ;
- **risque de faillite** : comme toute société, une SCPI peut faire faillite en cas de concentration des actifs immobiliers sur un secteur en crise. C'est pourquoi, vous devez surveiller le « taux de remplissage » de votre SCPI (pourcentage du patrimoine loué). N'investissez que dans les SCPI dont le taux de remplissage se situe entre 85% et 100%. Cela permet de vous assurer qu'il y a un grand nombre de locataires et donc de payeurs de loyers.
- **fiscalité** : les dividendes versés par les SCPI sont soumis à l'impôt sur le revenu et non pas à la *flat tax* comme les dividendes d'actions. Le législateur considère ces revenus immobiliers comme des revenus fonciers.

Au vue des avantages et des inconvénients des SCPI, quelques recommandations d'investissement s'imposent :

1/ **préférez acheter des SCPI qui ont, au minimum, 5 ans d'existence plutôt qu'une société qui vient d'être créée**. Les nouvelles SCPI ont tendance à promettre des rendements élevés non justifiés pour attirer les investisseurs ;

2/ **portez attention à la fois aux biens de la SCPI et à la société de gestion avant d'investir**. Renseignez-vous sur la gestion de la société (taux de remplissage, localisation/ancienneté des biens loués, politique d'acquisition et de vente des biens du management…). Une société de gestion qui privilégie la collecte d'argent auprès de nouveaux associés au détriment de la qualité des biens acquis risque de compromettre le rendement du dividende à long terme ;

3/ **N'investissez jamais la totalité de votre argent dans une seule SCPI quelles que soient ses qualités**. Choisissez toujours de multiplier les investissements dans différentes SCPI pour diversifier là encore vos risques sur plusieurs supports.

Chapitre 4. Droits et des devoirs d'un investisseur de SCPI

Lorsque vous acquérez une part d'une SCPI, vous obtenez le statut d'« associé » de la société. À ce titre, vous avez une série de droits mais également de devoirs en tant que copropriétaire des biens immobiliers de la compagnie.

Vos droits :

- **droit de propriété sur l'immobilier de la SCPI** : la société de gestion n'est que le gestionnaire des biens. Les associés en sont les uniques propriétaires, ils lui confient la gestion et l'approuvent lors de chaque Assemblée Générale ;
- **droit à l'information** : le travail d'investissement de la SCPI est délégué à un professionnel agréé par l'AMF, à savoir la société de gestion. Vous recevez chaque année quatre bulletins trimestriels et un rapport annuel pour chaque SCPI détenue. Le détail de l'ensemble du patrimoine d'une SCPI est consultable dans le rapport annuel. Ce document détaille également tous les comptes ainsi que toute la gestion ;
- **droit aux bénéfices** : la société de gestion doit reverser aux associés les loyers qu'elle a perçu. Attention : le

revenu d'une SCPI n'est pas garanti par la société de gestion. Il est en est de même si vous étiez propriétaire d'un appartement pour lequel le loyer ne peut être garanti dans sa valeur. La mutualisation du patrimoine de la SCPI permet néanmoins de percevoir un revenu stable et régulier puisqu'il est réparti sur différents immeubles et différents locataires ;

- **droit d'acheter de nouvelles parts** : tant que les souscriptions sont ouvertes, vous avez le droit d'acquérir autant de part que vous le souhaitez. Avec une SCPI à capital variable, l'achat est possible toute l'année sauf dispositions exceptionnelles. Avec une SCPI à capital fixe, l'acquisition se fera sur le marché secondaire toute l'année ou lors d'une augmentation de capital à période déterminée ;
- **droit de vendre vos parts** : si vous désirez vous séparer d'une partie ou de la totalité de vos parts, vous pouvez les vendre en vous adressant à la société de gestion. La vente s'effectue par le biais d'un marché réglementé. Le prix et le délai de cession sont dépendants des conditions de marché au moment de la vente. Seules les SCPI fiscales comportent une obligation de durée de détention

liée à l'obligation de durée de location. À défaut, il vous faudra rembourser l'avantage fiscal.

Vos devoirs :

- **posséder au moins 1 part** : pour obtenir le statut d'« associé » d'une SCPI et jouir de tous les droits qui y sont attachés, vous devez être propriétaire d'au moins une part de la société ;
- **paiement des dettes de la SCPI** : les associés sont responsables des dettes de la société à hauteur du capital investi. Comme tout investissement immobilier, le capital n'est pas garanti et reste soumis aux aléas du marché immobilier. Cependant, perdre l'intégralité de votre investissement signifierait que tous les biens immobiliers de la SCPI, achetés par la société de gestion, ne valent plus rien, ce qui est impossible. Même en cas de crise économique majeure, un bien immobilier a toujours une valeur résiduelle minimum s'il est en bon état ;
- **paiement des impôts/taxes** : les associés perçoivent les revenus générés par la SCPI sous forme de dividendes qui sont soumis à l'impôt sur le revenu et aux

contributions sociales. Ils ne sont pas soumis à la taxe foncière.

PARTIE II. INVESTIR DANS LES SCPI

Le marché de l'immobilier des SCPI est très vaste. En effet, il ne se limite pas au résidentiel (maison, appartement…). Il compte 8 secteurs d'activités différents :

- Bureaux (immeubles de bureaux, centres de congrès…) ;
- Commerces (murs de centres commerciaux…) ;
- Logistique (entrepôts, murs d'usines…) ;
- Santé (cliniques, maisons de retraite…) ;
- Résidentiel (appartements, maisons…) ;
- Hôtellerie (murs d'hôtels, centres de villégiature…) ;
- Infrastructures (antennes, prisons…) ;
- Immobilier diversifié (les 7 secteurs ci-dessus).

Ces secteurs ont des caractéristiques particulières qui les rendent plus ou moins sensibles aux cycles économiques. Il existe des SCPI pour répondre à tous les besoins des investisseurs. Par exemple, les SCPI de rendement permettent aux associés de toucher des revenus réguliers. Les SCPI fiscales, quant à elle, favorisent la limitation de l'imposition. De nombreuses SCPI permettent d'investir à l'international afin de profiter des opportunités qu'offrent l'investissement immobilier hors de France.

Dans la présente partie, nous allons voir comment investir avec succès dans les SCPI. Il est indéniable que pour réussir vos investissements il faut effectuer une bonne sélection. **La SCPI n'est pas un placement à revenus garantis et il y a potentiellement un risque de perte en capital** en cas de baisse du prix des parts. L'épargnant doit en avoir conscience avant d'investir. La rentabilité finale de l'investissement dépend de la valorisation des parts et des dividendes qui ont un impact non négligeable sur le rendement global. N'oubliez pas que votre capital investi dans des SCPI n'est jamais garanti.

C'est pourquoi, afin de limiter vos risques, **vous devez vous constituer un portefeuille diversifié de SCPI**. Il ne s'agit pas que d'acheter des SCPI différentes. Il faut également que ces SCPI ne soient pas gérées par la même société de gestion !

Chapitre 5. Liste des principales SCPI du marché

Le marché des SCPI s'avère extrêmement important. En effet, les investisseurs sont très friands de la pierre-papier. C'est pourquoi, de plus en plus de sociétés investissent ce marché. Ainsi, en 2019, il existe 180 SCPI en France[8] ! Certaines sont spécialisées dans le rendement et d'autres dans la défiscalisation.

Dans le présent chapitre, je ne vous parlerai que des SCPI de rendement, c'est-à-dire celles qui sont capables de vous fournir un revenu mensuel ou trimestriel. Si vous vous intéressez à la défiscalisation, veuillez consulter le chapitre qui y est entièrement consacré dans la troisième partie de cet ouvrage. Sachez que **les SCPI de rendement sont beaucoup plus nombreuses que les SCPI de défiscalisation**.

Les SCPI de rendement sont présentes dans des secteurs très différents les uns des autres. Chacun d'entre eux a ses particularités. Par exemple, l'hôtellerie est plus sensible à la conjoncture économique, suivi des bureaux, des entrepôts, de l'immobilier résidentiel, des box de stockage, de l'immobilier commercial et enfin des centres médicaux. Certains secteurs sont plus rentables que d'autres. Par exemple, l'immobilier

[8] *Capital*, « Les SCPI les plus prometteuses pour le classement 2019 », 08 novembre 2018, 1 p.

commercial est le secteur le moins rentable mais le plus stable car les baux de location sont très encadrés par la loi pour la durée et pour la revalorisation des loyers.

<u>SCPI de bureaux :</u>

Le marché de l'immobilier de bureaux est fortement dépendant des cycles économiques. En effet, lorsque les taux d'intérêts bancaires sont faibles, les investisseurs acceptent le rendement limité de l'immobilier de bureaux, ce qui fait monter la valeur de ces derniers. Lorsque les taux remontent, les investisseurs préfèrent se ruer vers les obligations d'État, ce qui fait mécaniquement baisser la valeur des immeubles de bureaux. Dans le secteur de l'immobilier de bureaux, la durée moyenne du bail s'étend de 5 à 12 ans.

SCPI	SOCIÉTÉ DE GESTION	ANNÉE DE CRÉATION
Accès Valeur Pierre (capital fixe)	BNP Paribas REIM France	1981
Accimmo Pierre (capital variable)	BNP Paribas REIM France	1992

Allianz Pierre (capital variable)	Immovalor Gestion	1984
Buroboutic (capital variable)	Fiducial Gérance	1986
CM-CIC Pierre Investissement (capital fixe)	CM-CIC SCPI Gestion	1985
Crédit Mutuel Pierre 1 (capital variable)	La Française AM	1973
Edissimmo (capital variable)	Amundi Immobilier	1986
Efimmo (capital variable)	Sofidy	1987
Elysées Pierre (capital variable)	HSBC REIM France	1986
Epargne Foncière (capital variable)	La Française AM	1968
Eurofoncière 2 (capital variable)	La Française AM	1982
Eurovalys (capital variable)	Advenis REIM	2015
France	BNP Paribas REIM	1986

Investipierre (capital fixe)	France	
Fructipierre (capital fixe)	AEW Ciloger	1987
Fructirégions Europe (capital fixe)	AEW Ciloger	1995
Génépierre (capital variable)	Amundi Immobilier	1978
Immo Placement (capital fixe)	Voisin	1968
Laffitte Pierre (capital variable)	AEW Ciloger	2000
Le Patrimoine Foncier (capital fixe)	Foncia Pierre Gestion	1968
Multimmobilier 2 (capital variable)	La Française AM	1991
Notapierre (capital variable)	Unofi	1988
PF Grand Paris (capital variable)	Perial AM	1966
PFO	Perial AM	1998

(capital variable)		
PFO 2 (capital variable)	Perial AM	2009
Pierre Capitale (capital variable)	Swiss Life REIM	2017
Placement Pierre (capital fixe)	Foncia Pierre Gestion	1986
Primopierre (capital variable)	Primonial REIM	2008
Rivoli Avenir Patrimoine (capital variable)	Amundi Immobilier	2002
Sélectinvest 1 (capital variable)	La Française AM	1975
Soprorente	BNP Paribas REIM France	1980
Ufifrance Immobilier	Primonial REIM	1988
Unidelta (capital fixe)	Deltager	1990

SCPI de commerce :

Le secteur de l'immobilier de commerce comprend les centres commerciaux, les parcs d'activité commerciale ou encore les murs de magasins. **L'immobilier de commerce est moins sensible aux cycles économiques que l'immobilier de bureaux**. En effet, les gens ont toujours besoin de manger quel que soit le contexte économique. La présence d'une enseigne alimentaire dans un ensemble de boutiques garantit un certain niveau de fréquentation des centres commerciaux. Avec l'avènement du commerce en ligne, ce secteur connaît depuis plusieurs années de profondes mutations. Dans l'immobilier de commerces, la durée moyenne du bail s'étend de 3 à 10 ans.

SCPI	SOCIÉTÉ DE GESTION	ANNÉE DE CRÉATION
Actipierre 1 (capital fixe)	AEW Ciloger	1981
Actipierre 2 (capital fixe)	AEW Ciloger	1987
Actipierre 3 (capital fixe)	AEW Ciloger	1991
Actipierre Europe	AEW Ciloger	2007

(capital variable)		
Cifocoma (capital fixe)	Paref Gestion	1968
Cifocoma 2 (capital fixe)	Paref Gestion	1977
Cœur de Ville (capital variable)	Sogenial Immobilier	2013
Europimmo Market (capital variable)	La Française AM	2015
Ficommerce (capital variable)	Fiducial Gérance	1986
Foncia Pierre Rendement (capital fixe)	Foncia Pierre Gestion	1990
Foncière Remusat (capital variable)	Voisin	1989
Novapierre 1 (capital variable)	Paref Gestion	1999
Novapierre Allemagne	Paref Gestion	2014

(capital variable)		
Patrimmo Commerce (capital variable)	Primonial REIM	2011
Pierre Plus (capital variable	AEW Ciloger	1991
Pierre Sélection (capital fixe)	BNP Paribas REIM	1976

SCPI de résidences :

Les sociétés immobilières qui opèrent dans le secteur résidentiel se chargent de la gestion complète des biens. Elles gèrent l'ensemble du parc immobilier, le recouvrement des loyers ou encore des éventuels travaux. Elles vous épargnent de tous les contacts avec les locataires. Par exemple, vous n'aurez pas à gérer un locataire colérique qui vous saccage l'appartement. Vous n'aurez pas non plus à aller réclamer les loyers impayés. Les sociétés immobilières s'occupent de tout et ce de manière totalement invisible pour l'associé. Dans le secteur de l'immobilier résidentiel, la durée moyenne du bail est de 3 ans.

SCPI	SOCIÉTÉ DE GESTION	ANNÉE DE CRÉATION
Kyaneos (capital variable)	KYANEOS AM	2018
Logipierre 3 (capital variable)	Fiducial Gérance	1986
Primofamily (capital variable)	Primonial	2017

SCPI d'hôtels :

L'immobilier d'hôtellerie se compose à la fois d'hôtels mais également de centres de villégiature. Il est extrêmement sensible aux cycles économiques. Dans le secteur de l'immobilier d'hôtellerie, la durée du bail est d'une journée.

SCPI	SOCIÉTÉ DE GESTION	ANNÉE DE CRÉATION
Atream Hôtels (capital variable)	Atream	2016
Foncia	Foncia Pierre	2013

Cap'Hébergimmo (capital variable)	Gestion	

SCPI de logistique :

Le secteur de l'immobilier logistique comprend les plateformes logistiques, les entrepôts de stockage, les locaux industriels ou encore les centres de recherches et de développement. Le secteur profite de la montée en puissance du commerce sur internet ainsi que de la tendance à l'externalisation de la fonction logistique. Dans le secteur de la logistique, la durée moyenne du bail est de 6 ans.

SCPI	SOCIÉTÉ DE GESTION	ANNÉE DE CRÉATION
Interpierre France (capital variable)	Paref Gestion	1991
LF Opportunité immo (capital variable)	La Française AM	2012

SCPI de santé :

Le secteur de l'immobilier de santé se compose de maisons de retraite, de résidences de service, de cliniques, de centres de soins, de bureaux médicaux ou encore de cabinets de consultation médicale. Il s'agit d'un secteur acyclique. En effet, il évolue directement en lien avec les progrès de la médecine mais également avec le vieillissement généralisé de la population au sein des pays développés. Dans le secteur de l'immobilier de santé, la durée moyenne du bail s'étend de 10 à 20 ans.

SCPI	SOCIÉTÉ DE GESTION	ANNÉE DE CRÉATION
Pierval Santé (capital variable)	Euryale	2014
Primovie (capital variable)	Primonial REIM	2012

SCPI diversifiée :

L'immobilier diversifié comprend l'ensemble des sociétés qui oeuvrent dans au moins deux secteurs différents de l'immobilier. Dans ce secteur, la durée d'un bail peut s'étendre de la journée à 20 ans suivant le type d'activités.

SCPI	SOCIÉTÉ DE GESTION	ANNÉE DE CRÉATION
Affinités Pierre (capital fixe)	Groupama Gan REIM	2015
Atlantique Pierre 1 (capital fixe)	Paref Gestion	1986
Atout Pierre Diversification (capital fixe)	AEW Ciloger	1987
Capiforce Pierre (capital fixe)	Paref Gestion	1982
Cristal Rente (capital variable)	Intergestion	2011
Corum Origin (capital variable)	Corum AM	2013
Corum XL (capital variable)	Corum AM	2016
Epargne Pierre (capital variable)	Voisin	2013

Immorente (capital variable)	Sofidy	1988
Immorente 2 (capital variable)	Sodify	2011
LF Europimmo (capital variable)	La Française AM	2014
LF Opportunité Immo (capital variable)	La Française AM	2012
L'Oustal des Aveyronnais (capital fixe)	Amundi Immobilier	1993
Nord Est Horizon (capital variable)	Foncières & Territoires	2013
Opus Real (capital variable)	BNP Paribas REIM France	2017
Ouest Cap Atlantique (capital variable)	Foncières & Territoires	2016
Pierre Expansion (capital fixe)	Fiducial Gérance	1987
Pierre Privilège (capital variable)	La Française AM	1990

Rhône-Alpes Méditerranée (capital variable)	Foncières & Territoires	2013
Sofipierre (capital variable)	Sofidy	1989
Sélectipierre 2	Fiducial Gérance	1978
Vendôme Régions (capital variable)	Norma Capital	2015

Comme vous pouvez le constater, il y a un vaste choix de SCPI de rendement. De nouvelles sociétés apparaissent régulièrement. Vous pouvez vous tenir informé sur toutes les SCPI existantes en consulter des sites tels que :

- Primaliance : https://www.primaliance.com
- La centrale des SCPI : https://www.centraledesscpi.com

Vous y trouverez de nombreuses explications, des simulateurs d'investissement… **Un bon investisseur immobilier est quelqu'un qui cherche en permanence à approfondir ses connaissances économiques pour faire travailler au mieux l'argent pour lui**.

Chapitre 6. Analyser les SCPI de rendement

Comme vous avez pu le constater dans le précédent chapitre, l'offre s'avère extrêmement abondante en matière de SCPI de rendement. Cependant, toutes les sociétés ne se valent pas. En effet, disposer d'un patrimoine immobilier n'est pas tout, il faut également que les biens soient loués afin d'encaisser un dividende ! Par conséquent, **vous devez au préalable analyser les SCPI qui vous intéressent pour ne retenir que celles dans lesquelles vous aller investir**. Pour cela, il faut vous plonger dans la documentation réglementaire.

Les SCPI sont tenues de mettre à disposition des investisseurs toute une série de documents d'information : notes, statuts, bulletins trimestriels et rapports annuels. Vous les trouverez gratuitement sur les sites Internet des sociétés de gestion des SCPI. Ces documents constituent une véritable mine d'or pour les renseignements fournis : politique d'investissement, arbitrages, composition du patrimoine, évolution des résultats sur cinq ans. Tout est précisé (jusqu'à l'adresse des biens, leurs surfaces, le nom des locataires et le prix d'acquisition).

Capital de la SCPI

Il est indispensable de connaitre la forme du capital : SCPI à capital fixe ou SCPI à capital variable. En effet, les deux types de société n'offrent pas les mêmes caractéristiques pour l'achat/vente de parts. Pour rappel, les SCPI à capital fixe sont des sociétés dont le capital est fixé statutairement. Les investisseurs ne peuvent y souscrire en dehors des périodes de souscription. Les SCPI à capital variable sont, quant à elles, des sociétés auxquelles les investisseurs peuvent souscrire à tout moment.

Patrimoine de la SCPI

Chaque SCPI a un patrimoine différent. Vous devez vous intéresser à la composition de son parc immobilier : répartition géographique (Paris, province, étranger), mais aussi type d'activité (marché résidentiel, commerces, bureaux…). Le comportement de vos SCPI ne sera pas le même selon les cycles économiques.

Cependant, gardez en tête que l'intérêt des SCPI est de pouvoir vous offrir une diversification dans l'immobilier supérieure à celle que vous pourriez avoir par vos propres moyens. Je vous conseille donc de privilégier les SCPI ayant un patrimoine diversifié sur le plan sectoriel et géographique plutôt que celles qui sont spécialisées (investies seulement dans le secteur de la santé ou seulement en Allemagne par exemple) car vous concentrez à nouveau vos risques.

L'intégralité du patrimoine d'une SCPI figure dans son rapport annuel. Vous pourrez vous assurer que celui-ci est suffisamment diversifié en étudiant le nombre de lignes (d'actifs détenus) et la proportion de chacune dans le total des mètres carrés possédés par la société. Un patrimoine diversifié ne présente normalement pas plus de 5 % par ligne.

Privilégiez les SCPI mâtures

Contrairement aux startups dans le secteur des technologies, en matière d'immobilier, les jeunes SCPI ne sont pas nécessairement un gage de « disruption » par rapport aux autres SCPI. En effet, **une SCPI qui a moins de 5 ans est une entreprise dont le patrimoine immobilier est en phase de montée en puissance**. Même s'il est de qualité, son portefeuille sera trop petit pour faire face à une crise économique Par conséquent, pour un investisseur à la recherche de revenus réguliers, je vous déconseille d'acheter d'investir dans de jeunes SCPI. Vous éviterez ainsi tous les achats de sociétés « à la mode » qui s'avéreront au final plus décevantes qu'autre chose en termes de rendement.

Privilégiez les SCPI mâtures, c'est-à-dire qui ont un équilibre entre spécialisation nécessaire et diversification indispensable. Plus la capitalisation est importante, plus le risque est en principe mutualisé entre les différents locataires et immeubles acquis. Il vaut mieux éviter qu'un seul locataire pèse beaucoup dans la répartition des loyers. S'il résilie, la société perdra de nombreux loyers et le rendement chutera pour l'investisseur. **La SCPI idéale dispose d'une centaine d'immeubles et aucun locataire qui représente plus de 3% des revenus encaissés**. Choisissez des SCPI gérées par des sociétés de gestion ayant démontré leur savoir-faire. Privilégiez un acteur de référence, actif sur le marché depuis une longue période et au patrimoine immobilier conséquent.

Taux d'occupation

Pour vous verser votre dividende, la SCPI doit avoir des biens loués à des locataires. Dans son rapport annuel, la société a l'obligation d'indiquer son taux d'occupation, c'est-à-dire le nombre de biens occupés divisé par le nombre de biens total exprimé en pourcentage. Disposer d'actifs de qualité, c'est bien, les remplir, c'est beaucoup mieux pour s'assurer de recevoir vos dividendes !

Le taux d'occupation idéal doit tendre vers 100%. Les jeunes SCPI atteignent souvent ce pourcentage car elles viennent juste de mettre en location leurs biens. À l'inverse, les SCPI plus anciennes connaissent un phénomène de « vacance locative », c'est-à-dire de biens non loués plus ou moins important en fonction de la qualité du management de la société de gestion.

Le taux d'occupation est directement lié à l'emplacement et la qualité des biens. Par exemple, un immeuble de bureaux situé dans une ville peu peuplée, en déclin démographique et dont la population a un faible pouvoir d'achat risque d'être difficile à louer. Une baisse du taux d'occupation d'une année sur l'autre n'a rien de préoccupant. Il faut tenir compte de la rotation des locataires, des travaux de remise en état et de mise aux normes... En revanche, un effritement continu du taux d'occupation n'est pas bon signe.

N'investissez pas dans une SCPI affichant durablement un taux d'occupation inférieur à 90%. En effet, en-dessous de ce seuil, la société devient très fragile face à n'importe quel aléas (nouvelle vacance locative, crise économique…). Votre but est de recevoir un dividende en toute circonstance. Par conséquent, éviter d'investir dans une SCPI qui risque de ne plus pouvoir vous verser le revenu sur lequel vous comptez pour vivre !

Volume de la revente des parts

La création d'un marché secondaire permet de revendre les parts de SCPI. Vérifier le volume des ventes en attente dans une SCPI. S'il est trop important, cela signifie que les propriétaires ne sont pas satisfaits et qu'ils ne trouvent pas de nouveaux acquéreurs, ce qui n'est pas bon signe.

Report à nouveau (RAN)

Une SCPI peut affecter une partie de ses revenus locatifs en réserve. Le stock de réserves forme un RAN qui peut permettre à la SCPI d'amortir des aléas de gestion (baisse de loyer) en redistribuant cette réserve aux associés en temps voulu. Les sociétés de gestion ont chacune une pratique différente dans ce domaine. Par exemple, la société de gestion Corum a pour politique de ne pas faire gonfler cette réserve et préfère tout distribuer à ses associés. Si l'absence de report à nouveau est un signe d'optimisme béat, un montant trop élevé laisse à penser que la SCPI nourrit des inquiétudes pour l'avenir.

Un report à nouveau représentant 5% des loyers semble être la bonne proportion.

Historique du dividende

Toutes les SCPI ne se valent pas pour l'investisseur en quête d'une rente. En effet, certaines satisferont vos attentes et d'autres pas du tout. Faites attention à la capacité de la SCPI à maintenir les revenus versés aux associés. En effet, le recours au RAN et aux réserves de plus-values doit être exceptionnel. **Le dividende n'a pas forcément à être très élevé car ce qui compte avant tout c'est son évolution.** Si vous observez une baisse notable du dividende sur plusieurs années, mieux vaut ne pas vous engager.

SCPI avec dividende décroissant :

Les entreprises ayant un historique de dividende en baisse sont des « cancres » pour l'investisseur en quête d'une rente. Elles ne protègent pas de l'inflation et sont donc à éviter !

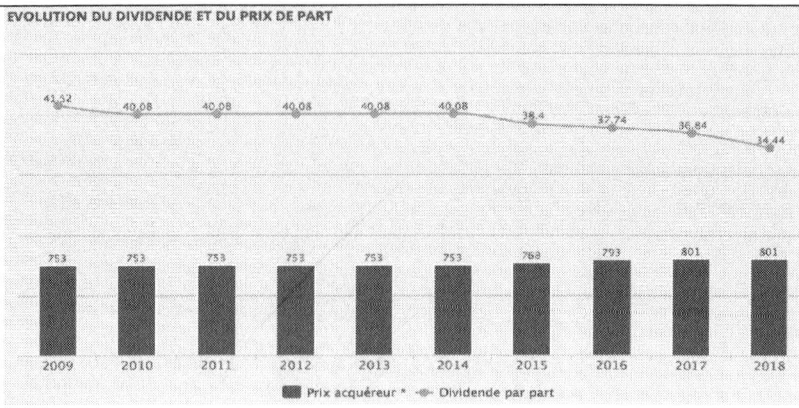

MULTIMMOBILIER 2[9]

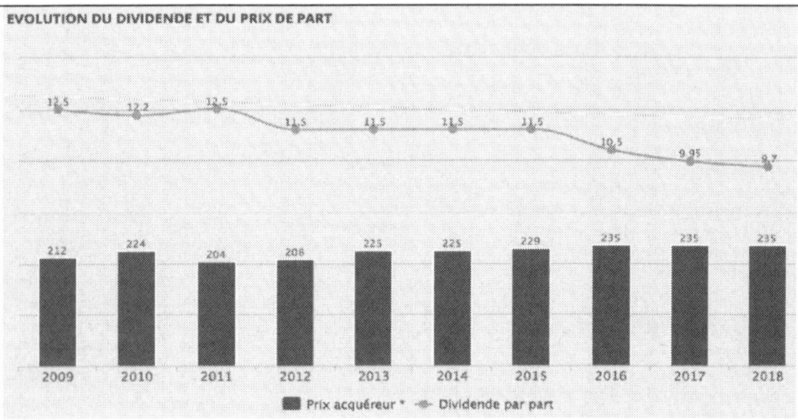

EDISSIMO[10]

[9] Primaliance (https://www.primaliance.com/scpi-de-rendement/71-scpi-multimmobilier-2 - consulté le 4 août 2019).

[10] Primaliance (https://www.primaliance.com/scpi-de-rendement/55-scpi-edissimmo - consulté le 4 août 2019).

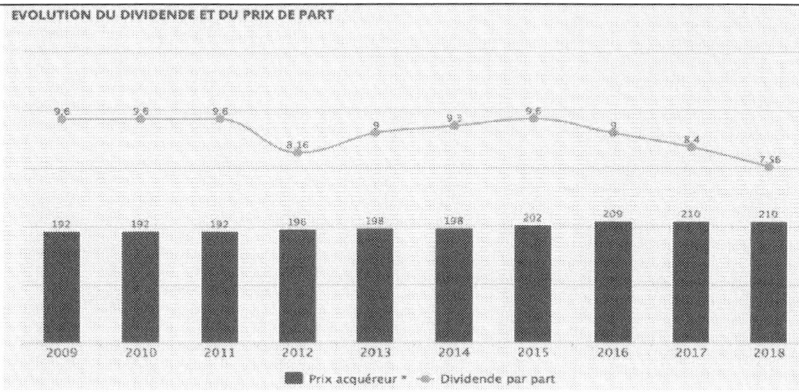

ACTIPIERRE EUROPE[11]

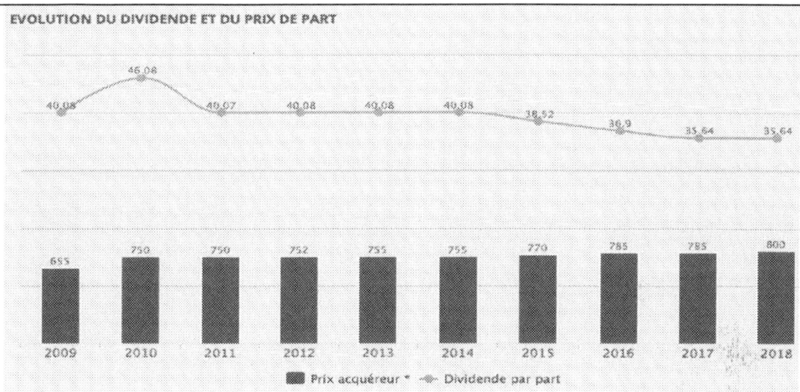

ÉPARGNE PIERRE[12]

[11] Primaliance (https://www.primaliance.com/scpi-de-rendement/13-scpi-actipierre-europe - consulté le 4 août 2019).

[12] Primaliance (https://www.primaliance.com/scpi-de-rendement/49-scpi-epargne-fonciere - consulté le 4 août 2019).

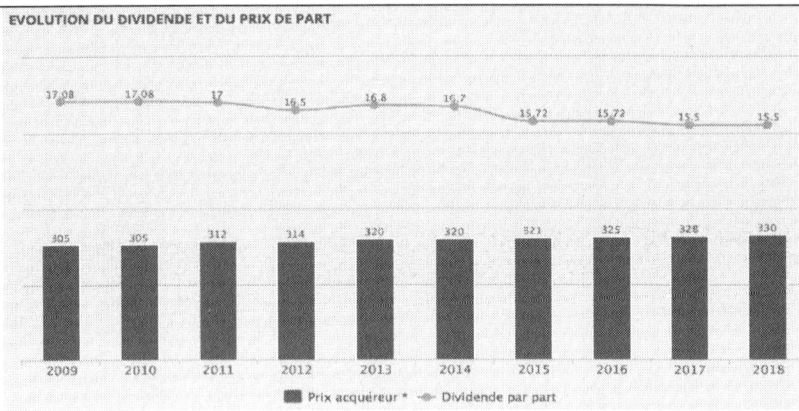

IMMORENTE[13]

SCPI avec dividende stable :

Les entreprises qui ont un historique de dividende stable sont des « élèves moyens » pour l'investisseur en quête d'une rente. En effet, ce dernier perçoit ses dividendes comme annoncé par les SCPI. Il n'y a pas de surprise. Pour l'investisseur, il s'agit uniquement de sociétés qui fournissent du rendement. Elles font le job, sans plus.

13 Primaliance (https://www.primaliance.com/scpi-de-rendement/85-scpi-immorente - consulté le 4 août 2019).

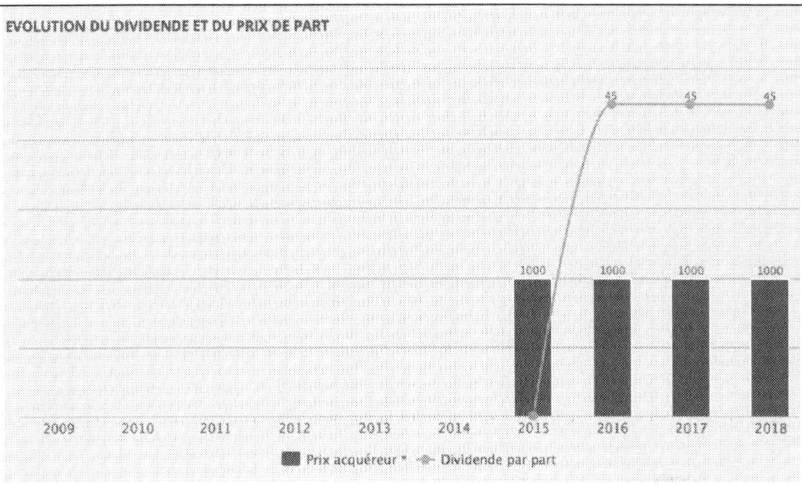

EUROVALYS[14]

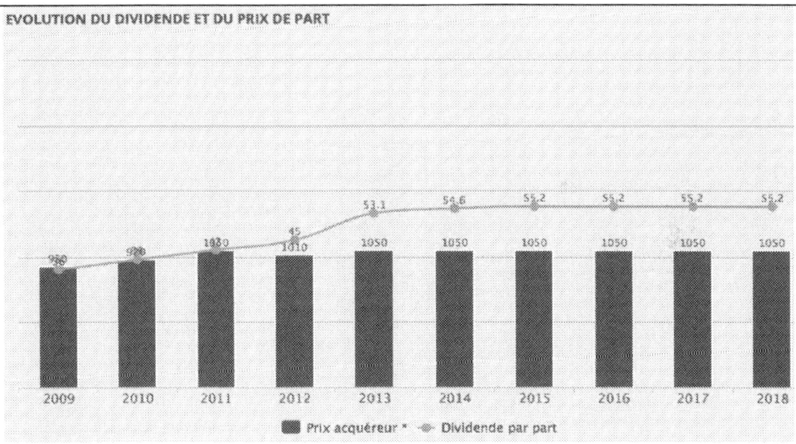

INTERPIERRE[15]

---

[14] Primaliance (https://www.primaliance.com/scpi-de-rendement/206-scpi-eurovalys - consulté le 4 août 2019).

[15] Primaliance (https://www.primaliance.com/scpi-de-rendement/108-scpi-interpierre - consulté le 4 août 2019).

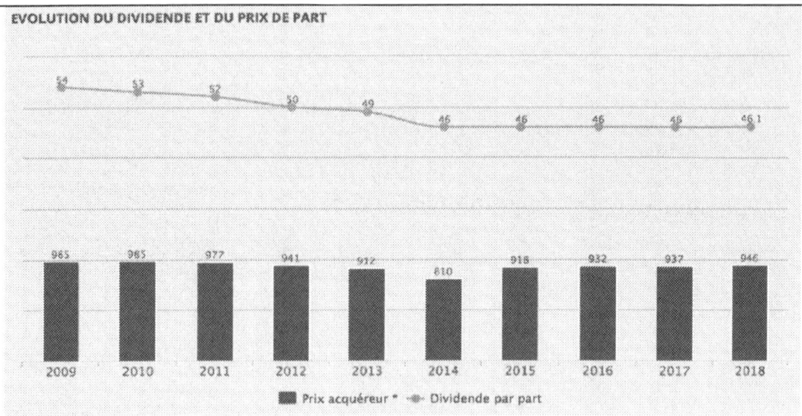

PFO[16]

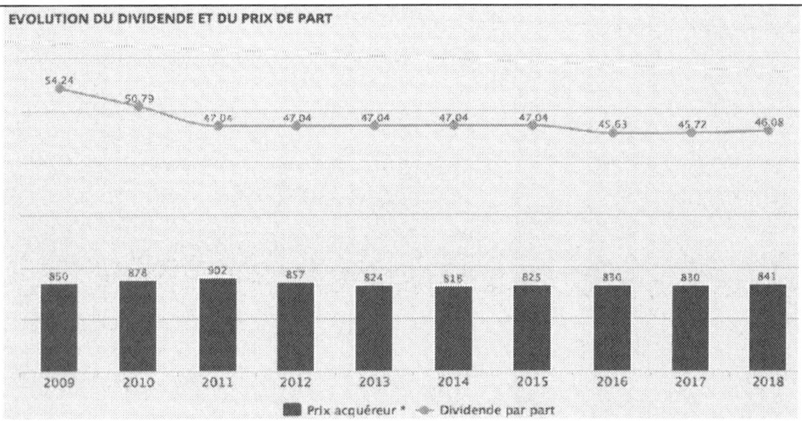

IMMO PLACEMENT[17]

[16] Primaliance (https://www.primaliance.com/scpi-de-rendement/8-scpi-pfo - consulté le 4 août 2019).

[17] Primaliance (https://www.primaliance.com/scpi-de-rendement/103-scpi-immo-placement - consulté le 4 août 2019).

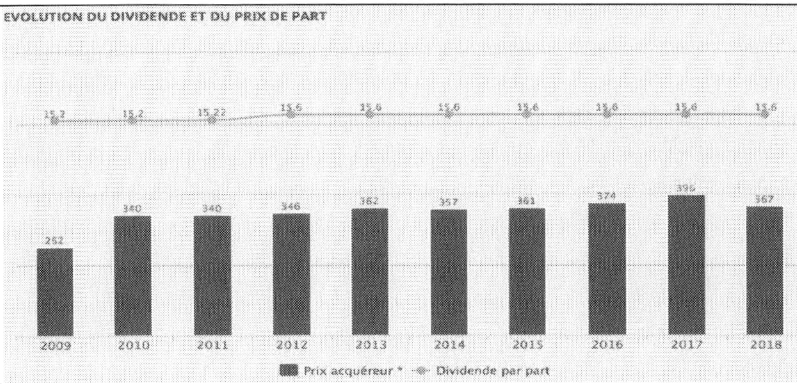

PIERRE SELECTION[18]

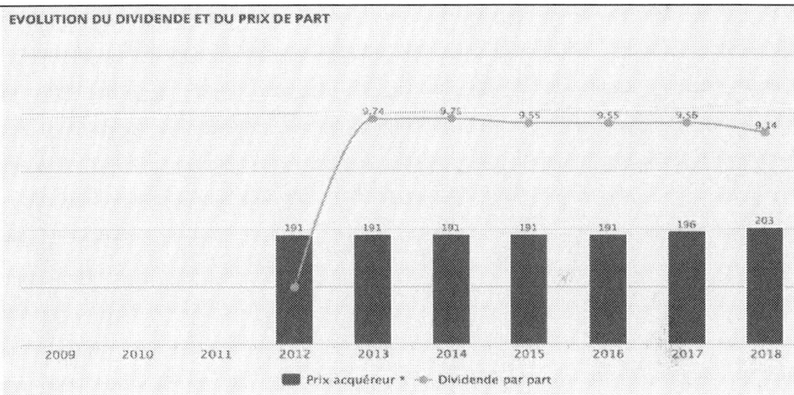

PRIMOVIE[19]

[18] Primaliance (https://www.primaliance.com/scpi-de-rendement/21-scpi-pierre-selection - consulté le 4 août 2019).

[19] Primaliance (https://www.primaliance.com/scpi-de-rendement/158-scpi-primovie - consulté le 4 août 2019).

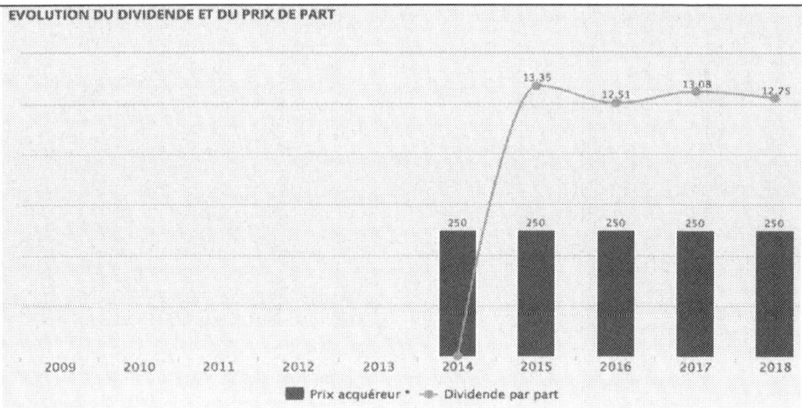

NORD-EST HORIZON[20]

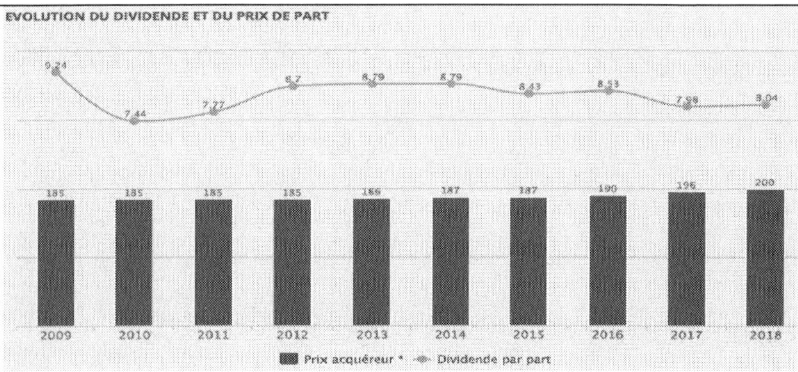

ACCIMO PIERRE[21]

[20] Primaliance (https://www.primaliance.com/scpi-de-rendement/187-scpi-nord-est-horizon - consulté le 4 août 2019).

[21] Primaliance (https://www.primaliance.com/scpi-de-rendement/27-scpi-accimmo-pierre - consulté le 4 août 2019).

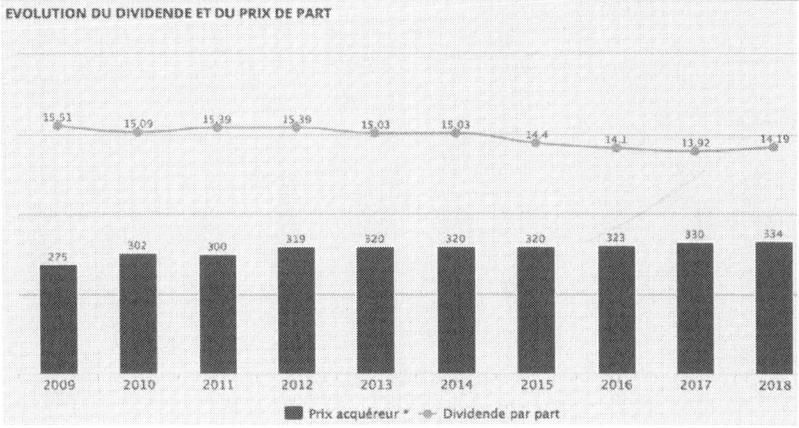

ALLIANZ PIERRE[22]

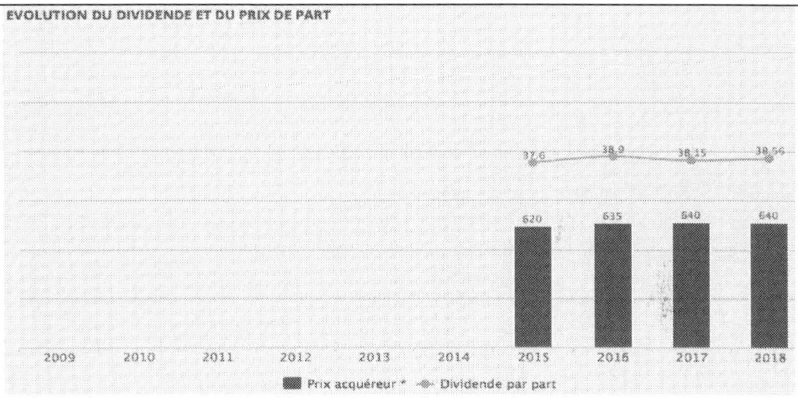

VENDÔME RÉGIONS[23]

[22] Primaliance (https://www.primaliance.com/scpi-de-rendement/16-scpi-allianz-pierre - consulté le 4 août 2019).

[23] Primaliance (https://www.primaliance.com/scpi-de-rendement/205-scpi-vendome-regions - consulté le 4 août 2019).

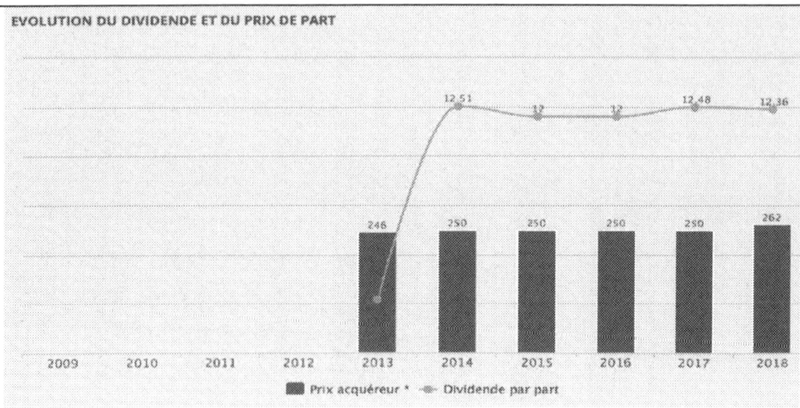

FONCIA CAP'HEBERGIMMO[24]

SCPI avec dividende croissant :

Les entreprises qui ont un historique de dividende en croissance dans le temps sont des « élèves brillants » pour l'investisseur en quête d'une rente. En effet, ce dernier perçoit des dividendes qui augmentent régulièrement. Son pouvoir d'achat s'accroît tout seul année après année. Il s'agit du graal pour l'investisseur : s'enrichir sans rien faire ! C'est la fortune assurée à long terme ! Cependant, seule un petit nombre de SCPI est capable de fournir un dividende croissant dans le temps. Ces sociétés méritent donc toute votre attention :

---

[24] Primaliance (https://www.primaliance.com/scpi-de-rendement/169-scpi-foncia-caphebergimmo - consulté le 4 août 2019).

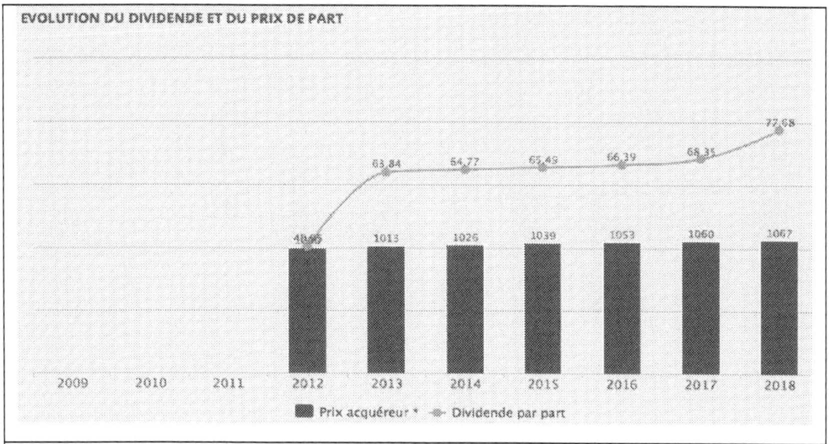

CORUM ORIGIN[25]

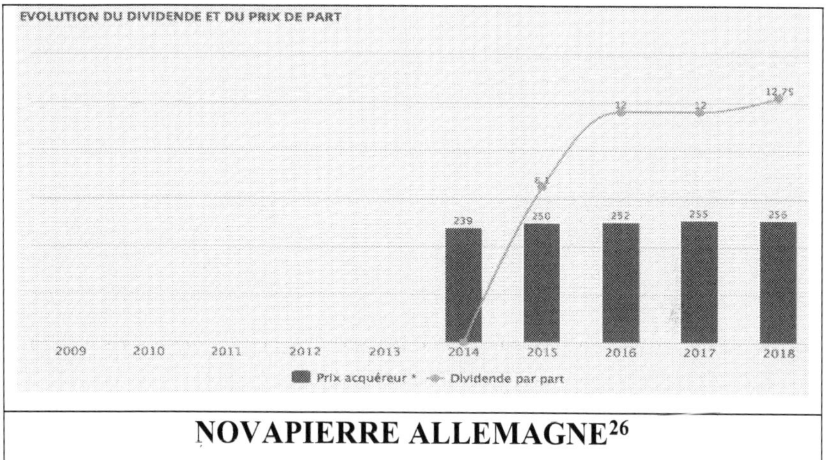

NOVAPIERRE ALLEMAGNE[26]

---

25 Primaliance (https://www.primaliance.com/scpi-de-rendement/152-scpi-corum-origin - consulté le 4 août 2019).

26 Primaliance (https://www.primaliance.com/scpi-de-rendement/184-scpi-novapierre-allemagne - consulté le 4 août 2019).

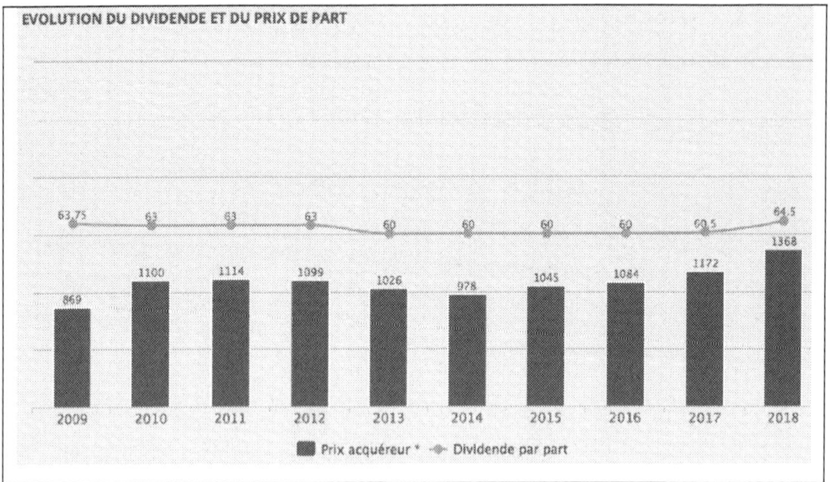

LOGIPIERRE 3[27]

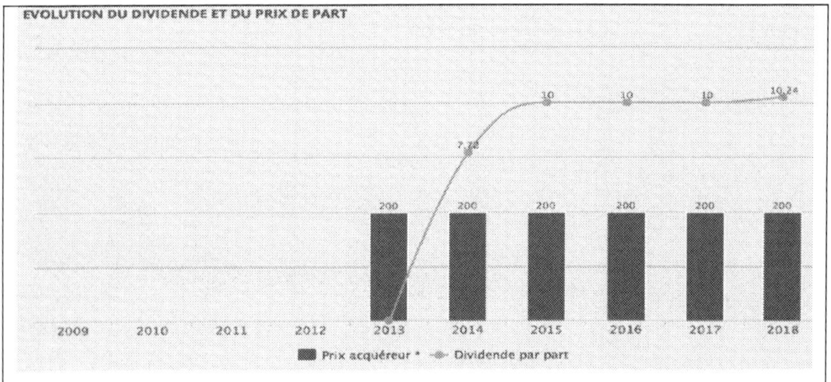

CŒUR DE VILLE[28]

27 Primaliance (https://www.primaliance.com/scpi-de-rendement/42-scpi-logipierre-3 - consulté le 4 août 2019).

28 Primaliance (https://www.primaliance.com/scpi-de-rendement/167-scpi-coeur-de-ville - consulté le 4 août 2019).

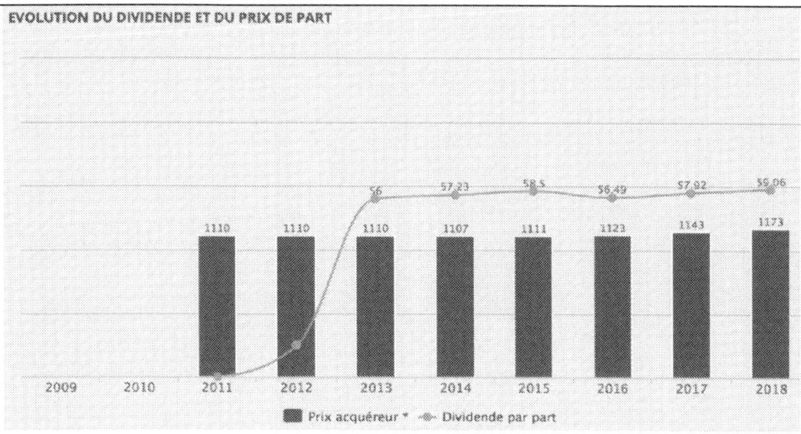

CRISTAL RENTE[29]

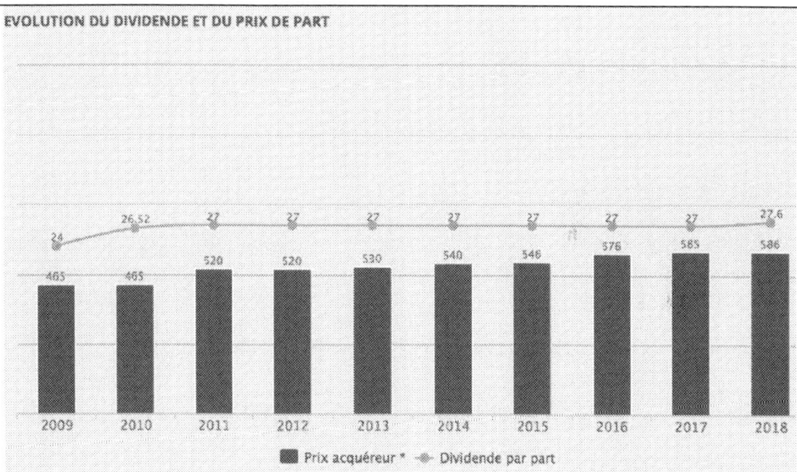

SOFIPIERRE[30]

---

[29] Primaliance (https://www.primaliance.com/scpi-de-rendement/136-scpi-cristal-rente - consulté le 4 août 2019).

[30] Primaliance (https://www.primaliance.com/scpi-de-rendement/95-scpi-sofipierre - consulté le 4 août 2019).

Pourquoi y a t-il si peu de SCPI capables d'accroitre leur dividende, année après année, alors qu'il y a de l'inflation tous les ans et que les loyers sont indexés sur celle-ci ? Tout simplement parce que la majorité des sociétés de gestion n'ont pas une culture du versement du dividende aussi importante qu'en Amérique du Nord. De nombreux Américains ou Canadiens comptent sur ces dividendes pour leur retraite. Ils sont donc exigeants envers les sociétés pour que ces dernières accroissent leur pouvoir d'achat au fil des ans. Ainsi, de nombreux REIT américains ou canadiens augmentent, année après année, leurs dividendes quelles que soient les circonstances économiques. Ne vous attendez malheureusement pas à la même chose avec toutes les SCPI.

Ce qui vous permet de connaître la véritable performance d'une société, c'est l'analyse du versement des dividendes. En effet, **l'historique des dividendes ne ment pas**. Seules les meilleures sociétés de gestion font tout pour faire croître le dividende de leur SCPI car c'est dans l'intérêt de leurs associés. Pour cela, elles mettent en valeur le patrimoine de la société, elles font tourner le portefeuille immobilier et elles investissent dans des biens de qualité.

Et bien sûr, une SCPI qui fait croître son dividende régulièrement voit également le prix de sa part augmenter au fil des années car elle reflète la valeur de son patrimoine immobilier. Pour l'investisseur, c'est un double enrichissement car il reçoit des rentes en hausse tous les ans et une valeur de ses parts qui croît régulièrement ! Vous êtes alors au maximum de ce que les meilleures SCPI peuvent faire pour vous enrichir.

Étudiez l'évolution de la valeur de la part

La performance d'une SCPI se mesure à l'aune de deux éléments : le rendement proprement dit (les dividendes), qui résulte des recettes locatives, et l'évolution de la valeur de la part, liée à une appréciation de son parc immobilier. **La valeur de la part d'une SCPI dépend directement de la qualité du portefeuille immobilier de la SCPI**.

Contrôlez le poids des charges

Comme pour toute entreprise, la maîtrise des charges est essentielle au sein d'une SCPI. La société de gestion doit encaisser les loyers, régler les charges, tenir la comptabilité, gérer la trésorerie, procéder aux visites, préparer les réunions et assemblées, informer les associés, distribuer les revenus, etc. Pour assurer toutes ces missions, elle perçoit une rémunération de l'ordre de 10% des loyers perçus.

À cela s'ajoutent l'entretien du parc immobilier (peinture, ravalement, toiture…) et d'autres frais de gestion comme les honoraires de commercialisation et d'expertise du patrimoine, les frais d'actes et de publication, les frais bancaires, la cotisation AMF, les pertes sur créances irrécouvrables… Au total, **l'ensemble des charges courantes doit rester peu ou prou dans la limite de 25% des loyers**.

Tous ces chiffres sont donnés sur cinq ans. Au-delà du pourcentage, c'est bien sûr **l'évolution dans le temps de ce ratio qui donne la meilleure indication**. Si le ratio des charges ne cesse d'augmenter dans le temps, c'est mauvais signe.

Chapitre 7. Acheter des SCPI au comptant

Une fois que vous aurez analysé puis sélectionné les SCPI qui vous intéressent, vous devrez passer à la phase d'achat des parts. Dans ce chapitre, nous supposons que vous avez l'argent disponible pour acheter au comptant vos parts. Nous verrons plus loin comment acquérir à crédit des parts. L'avantage d'acheter des SCPI au comptant (« cash ») c'est que vous recevez dans votre poche un revenu complémentaire puisque vous ne rembourser aucun crédit. L'inconvénient, c'est que vous êtes imposé sur vos revenus fonciers.

Il y a deux moyens de devenir associé d'une SCPI. **Vous pouvez procéder à un achat en direct auprès de la société de gestion** (seule une minorité de SCPI le permet). Notez qu'il y a une trentaine de sociétés de gestion en France : Sofidy, Corum, Primovie... **Vous pouvez également vous tourner vers un intermédiaire**, comme un courtier spécialisé en SCPI ou un gestionnaire de patrimoine, qui vous conseillera et procédera aux acquisitions (procédure la plus commune pour acheter vos parts). **Contrairement à l'immobilier physique, il n'y a ni de signature d'un compromis de vente ni passage devant notaire**.

Quel est le meilleur moment pour acheter des parts de SCPI ?

Le meilleur moment pour acquérir des SCPI est tout simplement après avoir fait votre travail d'analyse et de sélection des sociétés qui vous intéressent. En effet, n'attendez pas des années pour investir. Les SCPI font fructifier en permanence leur patrimoine. Les parts sont donc appelées à se valoriser au fil du temps. Plus vous laissez passer les années et plus il vous coûtera cher d'acquérir les parts de la SCPI convoitée.

Acheter des parts de SCPI

Que vous passiez par un intermédiaire ou que vous achetiez en direct auprès de la société de gestion, vous devrez à chaque fois décider du nombre de parts que vous allez acquérir. Attention ! De nombreuses SCPI impose un nombre minimum de parts à acheter. Voici quelques exemples :

SCPI	NOMBRE DE PARTS MINIMUM À ACQUÉRIR
EUROVALYS	1 PART
IMMORENTE	4 PARTS
ATREAM HÔTELS	5 PARTS
KYANEOS	10 PARTS
EDISSIMO	25 PARTS

Le fait que la plupart des SCPI vous imposent un nombre minimum de parts à acquérir fait très vite grimper l'addition. Par exemple, en 2019, 1 part de la SCPI EDISSMO vaut 235€. Si vous êtes intéressé pour investir dans cette société, sachez qu'il vous faudra débourser au minimum 5875€ (235€ x 25 parts) ! Ce n'est pas à la portée de tout le monde…

Vers quel intermédiaire se tourner pour acheter des parts ?

Les intermédiaires sont très nombreux. Je vous propose donc 4 bons courtiers en SCPI. Ils sont difficiles à départager car chacun a ses qualités et peut plaire à un public différent :

COURTIER EN SCPI	OBSERVATIONS
Linxea	Il s'agit d'un courtier spécialisé dans l'assurance-vie et qui propose une large offre en « pierre-papier » à des tarifs compétitifs.
Primaliance	Il s'agit d'un courtier établit depuis longtemps et disposant d'une grande expérience dans le domaine des SCPI. Le site internet est très bien documenté sur les différentes sociétés.
Portail-SCPI	Il s'agit d'un cabinet en gestion de patrimoine qui peut apporter une vision transverse. Les rendez-vous physiques sont possibles.
France SCPI	Il s'agit d'un courtier « nouvelle génération » qui offre la possibilité de souscrire via internet à un large choix de SCPI. Ainsi on peut s'épargner un dossier papier à envoyer par la Poste !

Pièces justificatives à fournir

À chaque fois que vous achèterez des parts de SCPI, vous devrez fournir un certain nombre de pièces justificatives à la société de gestion. En effet, pour des raisons réglementaires, les sociétés doivent réclamer certains documents aux investisseurs. L'AMF impose que les SCPI demandent aux acheteurs les pièces suivantes :

- 1 pièce d'identité ;
- 1 justificatif de domicile de moins de 3 mois ;
- 1 RIB ;
- 1 justificatif d'origine des fonds (relevé de compte).

Le but de ce processus est de contrôler que le souscripteur ne cherche pas à blanchir de l'argent sale en investissant dans les SCPI.

Frais liés à la souscription

Comme pour tout achat immobilier, vous avez des frais pour chaque achat de part de SCPI. Pour le marché primaire, c'est-à-dire pour des parts qui viennent d'être émise, ces frais varient de 6 à 12% par part que l'on souscrive directement auprès d'une société de gestion ou avec un intermédiaire spécialisé (comme Primaliance…).

Pour le marché secondaire (= parts « d'occasion »), les frais de souscription sont moins élevés mais il faut y ajouter des droits d'enregistrement à hauteur de 5 % du prix acquéreur (minimum 25 €) perçus par le Trésor Public. **Il n'y a jamais besoin de passer devant un notaire pour acheter/vendre des parts de SCPI**. C'est toujours autant de frais économisés.

Vous avez le droit de devenir associé d'autant de SCPI que vous le souhaitez. Il vous suffit simplement d'acquérir les parts de la société qui vous intéresse. Après traitement de votre demande d'achat, chaque société de gestion vous fera parvenir une attestation de propriété de parts.

Pendant toute la durée de détention de vos parts, vous paierez des frais de gestion. Ces derniers servent à rémunérer annuellement la société de gestion pour sa mission d'investissement, de gestion de location et d'entretien du parc immobilier. Ils s'élèvent environ à 10 % des loyers perçus par an. **Les dividendes vous sont versés sur votre compte bancaire net de frais tous les mois ou tous les trimestres selon le calendrier de versement de chaque SCPI**.

Délai de jouissance

Quand vous achetez des parts de SCPI, vous avez systématiquement un « délai de jouissance » avant de toucher vos dividendes. Le principe est de flécher les loyers des immeubles de la SCPI vers les anciens associés pendant cette période transitoire, au terme de laquelle les nouveaux associés retrouvent les mêmes droits sur l'intégralité du patrimoine de la SCPI.

Le délai de jouissance peut aller de 1 mois à 6 mois. Il permet à la société de gestion d'avoir le temps de rechercher de nouveaux biens et d'investir votre argent avec efficacité. Bien sûr, ce différé de jouissance des parts de SCPI imposé aux nouveaux associés grève pour ces derniers la rentabilité globale du placement lors de l'année d'investissement, en sus des frais de souscription que évoqués plus haut.

Durée de détention recommandée

Comme vous avez pu le constater, l'achat de parts de SCPI implique de nombreux frais. Pour rentabiliser votre investissement, vous devrez les conserver au moins 10 ans. Cependant, si vous êtes à la recherche de revenus réguliers, votre horizon d'investissement doit être…la vie entière ! Il n'y a aucune raison de vendre vos parts si la SCPI tient toutes ses promesses. Il serait illogique de vous débarrasser de la « poule aux œufs d'or » !

Est-il possible de s'expatrier et de continuer à recevoir les dividendes des SCPI ?

Oui, tout à fait ! En achetant des parts de SCPI, vous êtes copropriétaire de la société à vie. Vous pouvez donc décider de vous installer à l'étranger tout en continuant à recevoir les dividendes de vos SCPI sur votre compte bancaire.

L'importance de la diversification dans vos achats de SCPI

Quelle que soit la taille de votre portefeuille de SCPI, vous devez impérativement diversifier vos investissements. En effet, la prudence veut que l'on s'attache à établir une répartition par secteurs d'activité et par pays, quel que soit le montant de l'investissement. Ainsi, il est très risqué de constituer un portefeuille de 100 000 € qui serait entièrement constitué d'une seule SCPI, fût-elle réputée de très bonne qualité.

Chapitre 8. Acheter des SCPI à crédit

Si vous ne disposez pas des fonds nécessaires à l'acquisition de parts de SCPI, ou si vous ne souhaitez pas débloquer votre épargne pour une telle opération, vous pouvez recourir à l'achat à crédit. En effet, comme pour l'achat d'un bien physique, vous pouvez utiliser un emprunt immobilier. Cependant, avant de vous lancer, il convient de peser le pour et le contre.

Avantages de l'achat à crédit des SCPI

L'achat à crédit de parts de SCPI vous permet d'acquérir à faible coût de l'immobilier. Il vous suffit de contracter un prêt immobilier. Ne vous laissez pas avoir par les boniments de votre banquier : vous pouvez acheter à crédit toutes les SCPI du marché et non pas uniquement celles appartenant à votre banque. C'est pourquoi, outre solliciter sa propre banque et la concurrence, il est recommandé de contacter des courtiers dont le métier est de dénicher les meilleures offres sur le marché.

Un emprunt vous permet de vous bâtir un patrimoine diversifié avec un faible effort d'épargne. En effet, le crédit permet d'acheter immédiatement un montant significatif de différentes parts de SCPI. Cela vous permet de diversifier tout de suite votre patrimoine. Les revenus de la SCPI participent au remboursement du crédit et l'opération permet également de bâtir un capital immobilier.

Les intérêts de votre emprunt immobilier sont déductibles de vos impôts. En effet, pendant toute la durée de votre crédit, vous allez pouvoir réduire votre imposition. Vous pourrez déduire de vos revenus fonciers les intérêts d'emprunt pour payer moins d'impôt sur le revenu. C'est très intéressant si votre Taux Marginal d'Imposition (TMI) est de 30% au plus. Un bémol toutefois. Pour les biens situés à l'étranger, vérifiez auprès d'un conseiller s'il n'est pas préférable de ne pas déduire les intérêts d'emprunt, en fonction de votre situation personnelle et de la convention fiscale des pays concernés.

Inconvénients de l'achat à crédit des SCPI

Le taux d'emprunt proposé par les banques pour l'achat de SCPI est un peu plus élevé que pour l'acquisition d'un bien physique. Il est généralement supérieur de 0,5. Vous devrez également souscrire une assurance emprunteur. Celle-ci protègera votre famille et vous-même (chômage, décès, invalidité…). Cette formule peut intéresser les jeunes actifs qui n'ont pas encore de capital mais qui ont la volonté de se construire un patrimoine immobilier.

L'« effet de levier » est difficile avec le rendement servi par les SCPI. En effet, l'effet de levier provient du différentiel entre le coût de l'emprunt et le rendement de l'investissement. Lorsque ce différentiel est positif, vous êtes payés pour emprunter. Ainsi, si vous remboursez 100€/mois et que vous recevez 150€ de dividendes pour les parts acquises, vous avec un *cash flow* (flux de trésorerie) positif de 50€/mois (soit 600€/an). Cela vous permet de vous enrichir plus vite. **Le problème est que la majorité des SCPI ont un rendement qui tend à décroître avec le temps**. Vous n'êtes donc pas assuré d'autofinancer votre projet et *a fortiori* de dégager un profit immédiat en achetant à crédit.

Chapitre 9. Acheter des SCPI au sein d'un contrat d'assurance-vie

Il est possible d'acquérir des parts de SCPI en utilisant l'enveloppe fiscale particulière que constitue l'assurance-vie. Quel est l'intérêt de cette opération ? **Investir dans des SCPI dans le cadre d'un contrat d'assurance-vie permet de vous construire un patrimoine immobilier diversifié en franchise d'impôt**.

Sur le marché, il existe deux types de contrats d'assurance-vie pour investir en parts de SCPI. Dans le premier cas, les dividendes vont servir à racheter automatiquement des nouvelles parts de SCPI ce qui créera un effet boule de neige sur le long terme. Dans l'autre cas, les dividendes sont versés directement sur le fond euros du contrat (l'actif général dans 90% des cas). La fiscalité est nulle tant que l'argent ne sort pas du contrat. C'est ensuite la fiscalité de l'assurance-vie qui s'applique en cas de sortie.

Avantages d'investir dans des SCPI au sein d'un contrat d'assurance-vie

Posséder des SCPI au sein d'une assurance-vie vous permettra de recevoir vos dividendes tout en bénéficiant

d'une fiscalité allégée. Tous les dividendes de vos SCPI seront systématiquement reversés dans votre assurance-vie. Libre à vous ensuite de les retirer pour en vivre ou de les réinvestir dans d'autres parts de SCPI ou sur d'autres supports du contrat (fond euro, actions…). Si vous ne retirez pas vos fonds de votre assurance-vie, vous n'aurez aucun revenu à déclarer dans votre imposition. Cette solution est avantageuse pour les contribuables imposés à un taux marginal d'imposition d'au moins 30%.

Le prix des parts de SCPI sont moins chers que si vous les achetiez en direct auprès de la société de gestion. En effet, hors assurance-vie, on frôle les 10% car vous achetez à la valeur liquidative (VL). À l'inverse, avec l'assurance-vie, vous achetez à la valeur de retrait (= valeur de revente d'une part d'« occasion »).

La formule mathématique peut se résumer de la manière suivante : valeur de retrait + frais d'achat < achat en direct à la VL. En clair, quand vous achetez des parts de SCPI à travers une assurance-vie, vous acquérez environ 3% moins cher vos parts. Comme le dividende est le même que si vous aviez acheté vos parts en direct, vous obtenez mécaniquement un rendement supérieur dans le cadre de votre contrat d'assurance-vie.

Les frais pour acquérir des parts de SCPI dans l'assurance-vie sont extrêmement faibles. Dans la majorité des contrats proposés sur Internet, il n'y a ni frais d'entrée, ni frais de versement, ni frais d'arbitrage en ligne. La souscription à la plupart de ces assurances-vie est assez simple. Il suffit de remplir un formulaire sur Internet. L'arbitrage des parts de SCPI est possible au sein d'un contrat d'assurance-vie. Il convient cependant de regarder attentivement le coût des frais liés à cette opération.

Le délai de jouissance est beaucoup plus rapide qu'avec l'acquisition en direct de parts de SCPI. L'assureur vous garantit un délai de jouissance de seulement 1 à 3 mois contre 3 à 6 mois traditionnellement. Vous commencez donc à toucher vos dividendes plus tôt.

L'assureur vous garantit une liquidité totale de vos fonds. En effet, les assureurs achètent en amont des enveloppes importantes de parts pour ensuite les redistribuer aux investisseurs. Cela signifie que vous pouvez acheter/vendre vos parts de SCPI à tout moment et de manière instantanée. C'est beaucoup plus rapide que si vous possédiez en direct des parts de SCPI (délai de 3 à 6 mois pour vendre). Ainsi, vous pouvez arbitrer quand vous voulez les sommes vers d'autres supports si vous n'êtes plus satisfait ou encore si vous désirez sécuriser votre plus-value.

Vous pouvez lisser le prix moyen d'acquisition de vos parts de SCPI grâce à la mise en place d'un investissement mensuel programmé dans votre contrat d'assurance-vie. Votre argent étant investi sur le long terme et dans un marché fluctuant, vous optimiserez votre rendement en étalant vos versements plutôt qu'en effectuant un paiement unique. De plus, **en réinvestissant vos dividendes dans l'acquisition de nouvelles parts de SCPI, vous créerez un « effet boule de neige » grâce à l'intérêt composé ce qui vous enrichira à long terme**.

Après 8 années de détention, vous bénéficiez de la fiscalité avantageuse de l'assurance-vie. Tous les fonds que vous retirerez seront moins taxés avec un abattement de 4 600€ pour un célibataire et 9 200€ pour un couple avec imposition commune. La plus-value sera uniquement taxée à 7,5% + les contributions sociales. Les bénéficiaires désignés de votre contrat d'assurance-vie recevront jusqu'à 152 500€ sans fiscalité si les sommes ont été placées avant vos 70 ans.

Inconvénients d'investir dans des SCPI au sein d'un contrat d'assurance-vie

Vous ne pouvez investir que dans une liste très limitée de SCPI proposées par le contrat d'assurance-vie qui vous intéresse. Vous n'aurez donc pas accès à l'ensemble des sociétés du marché mais seulement à un petit nombre d'entre elles.

Vous ne pouvez pas acheter vos parts de SCPI à crédit ni en utilisant le démembrement de propriété dans un contrat d'assurance-vie. En effet, quand vous investissez dans des SCPI au sein d'une assurance-vie, vous achetez des unités de compte et non pas des parts de société. **Vous n'êtes qu'un créancier à l'égard de votre assureur qui doit vous rembourser à tout moment quand vous lui réclamez votre capital**.

Cette situation s'explique par le fait que, pour vous garantir la liquidité (achat/revente) de vos fonds dans l'assurance-vie, **c'est l'assureur qui est le véritable propriétaire des parts de SCPI**. Vos parts dans le contrat ne sont que des créances (les unités de compte) que vous détenez sur votre assureur. Quand vous retirer de l'argent de votre contrat d'assurance-vie, il doit vendre des parts des SCPI pour vous rendre votre capital. Vous ne pouvez donc bénéficier de l'« effet levier » du crédit immobilier pour investir dans les SCPI au travers de l'assurance-vie puisque vous n'êtes pas véritablement propriétaire des parts.

La majorité des contrats d'assurance-vie ne vous permettent pas d'investir à 100% dans les SCPI. En effet, très souvent, sur la totalité des sommes que vous placez sur votre contrat, vous ne pouvez consacrer que 50% des fonds aux SCPI. Cela réduit considérablement votre rendement global. Cette situation s'explique par le fait que les assureurs se gardent une marge de sécurité pour être capable, en permanence, de pouvoir vous rembourser votre capital rapidement. Si votre assurance-vie était à 100% en SCPI, la liquidité de votre capital dépendrait à 100% de l'état du marché immobilier. Donc, en cas de crise économique, vous pourriez voir votre capital bloqué le temps que l'assureur parvienne à vendre les parts. C'est pour éviter cette situation que votre contrat est limité à 50% de SCPI. Ainsi, l'assureur peut utiliser ses réserves financières pour vous rembourser immédiatement. Il est moins pressé par la revente des parts et par l'état du marché immobilier.

Vous devez supporter des frais de gestion supplémentaire par rapport à la détention de parts de SCPI en direct. En effet, l'assureur ne joue pas le rôle d'intermédiaire entre vous, les SCPI et l'État (pour la fiscalité) sans prendre sa commission. Les frais de gestion sont annuels et s'élèvent à environ 0,5% par an.

De plus, certains assureurs peuvent également prendre 15% des dividendes versés par les SCPI. Prenons un exemple : une SCPI vous verse un dividende de 5% brut. L'assureur vous prend 0,5% de frais de gestion annuel, c'est-à-dire que vous ne touchez plus que 4,5% (5% - 0,5%). En plus, il vous prend 15%

de vos dividendes, c'est-à-dire 0.67% (4.5% - 15% = 0,67%), par conséquent, vous n'obtiendrez en réalité qu'un rendement de 3.83% (4.5% - 0.67%). C'est à peine mieux que l'inflation (2% par an depuis le début du XXIe siècle). Il convient donc de faire très attention aux frais du contrat d'assurance-vie que vous choisirez car ils peuvent rogner considérablement l'avantage fiscal.

Enfin, dernier point, **acheter des parts de SCPI au travers un contrat d'assurance-vie ne vous immunise pas contre les crises économiques**. En effet, aussi bien les SCPI que votre assureur peuvent disparaître. Si les SCPI présentes dans votre contrat font faillite, vous perdrez le capital qui y était investi dans votre contrat d'assurance-vie. Si c'est votre assureur qui fait faillite, vous perdrez toutes vos parts de SCPI…même si ces sociétés ne font pas faillites ! Cela s'explique par le fait que vous n'êtes pas le propriétaire direct de ces sociétés mais que c'est votre assureur qui l'est.

Pour protéger les investisseurs d'une faillite des assureurs, le gouvernement français a mis en place, avec la loi Sapin II, un dispositif lui permettant d'empêcher les épargnants de retirer leurs fonds d'un contrat d'assurance-vie en cas de crise économique. Le but est d'éviter de mettre en faillite un assureur qui recevrait un afflux massif de demandes de retrait alors qu'il n'arrive pas à céder à temps les actifs qu'il possède.

Cependant, cette mesure est nocive pour un investisseur vivant des intérêts de son épargne placée sur un contrat d'assurance-vie. En cas de blocage gouvernemental, cela signifie une absence de revenus pour une durée indéterminée. Si ce risque est faible, il ne peut être complètement écarté.

<u>Quels sont les meilleurs contrats d'assurance-vie pour les SCPI ?</u>

Je vous propose, ci-dessous, quelques contrats d'assurance-vie connus pour leur qualité. À vous de choisir :

CONTRAT	CARACTÉRISTIQUES
Linxea Spirit	• versement minimum : 500€ ; • 27 supports immobiliers (SCPI, SCI et OPCI) ; • 50% maximum des fonds sur les SCPI ; • 100% des dividendes des SCPI reversés (contre généralement 85% ailleurs). • 0.5% de frais de gestion annuel pour les SCPI ; • 0,7% de frais de gestion pour le fond euro.

Spirica Netlife	• versement minimum : 1000€ ; • 23 supports immobiliers (SCPI, SCI et OPCI) ; • 50% maximum des fonds sur les SCPI ; • 100% des dividendes des SCPI reversés ; • 0.7% de frais de gestion annuel pour les SCPI ; • 0.7% de frais de gestion pour le fond euro.

Ces contrats sont accessibles au plus grand nombre. Il existe bien sûr d'autres assurances-vie encore plus performantes, comme Suravenir Sérénipierre, mais les tarifs sont bien plus élevés (versement minimum : 10 000€). N'hésitez donc pas à vous renseigner chez différents assureurs. En revanche, évitez soigneusement d'investir dans l'assurance-vie « maison » de votre banque car vous avez beaucoup de risque de réaliser un très mauvais investissement !

Chapitre 10. Acheter des SCPI avec une SCI ou une SCP

En tant que particulier, vous avez le droit de créer une Société Civile Immobilière (SCI) ou d'une Société Civile de Patrimoine (SCP) pour acheter et gérer des SCPI. En effet, cette société pourra organiser la propriété immobilière entre plusieurs personnes. Ce montage est un grand classique pour les familles avec enfant. La SCI ou la SCP pourra souscrire des parts pour le compte de ses associés. Cependant, elle ne pourra amortir les parts comme elle le ferait avec un bien détenu en direct. Comme vous allez le découvrir dans ce chapitre, l'intérêt de constituer une SCI ou une SCP pour gérer vos SCPI est à la fois patrimonial et fiscal.

Comment créer une SCI ou une SCPI ?

Créer une telle société est très simple[31]. Il suffit qu'elle soit mise en place par deux personnes. Les associés peuvent être en couple, marié ou non, avec ou sans leurs enfants. Faire entrer vos progénitures, même avec une part symbolique, facilitera ultérieurement la transmission du patrimoine au moment de la succession.

[31] Louis Desplace, *Guide pratique pour créer et bien gérer sa SCI*, 2010, 263 p.

L'enregistrement des statuts de la société est obligatoire, mais gratuit, quel que soit le montant du capital. Je vous recommande vivement de faire appel à un professionnel du droit (notaire ou avocat) pour rédiger avec soin le statut. Celui-ci est déterminant puisqu'il va régir le fonctionnement de la société. Outre les honoraires du praticien du droit à payer, vous aurez également à payer une série de frais comprenant la publication dans un journal d'annonces légales, la formalité d'immatriculation au greffe du commerce et la création d'un compte bancaire dédié à la SCI ou la SCP. Vous allez également devoir désigner officiellement un gérant de la société (cela peut être vous ou l'un de vos associé majeur).

Fonctionnement de la SCI ou de la SCP

Une fois votre SCI ou SCP créée, vous allez apporter régulièrement du capital à celle-ci (par exemple tous les mois). Avec cet argent, le gérant va constituer un portefeuille de parts de SCPI et le gérer. Notez qu'il est tout à fait possible pour la SCI et la SCP d'emprunter pour acquérir des parts de SCPI. Le financement à crédit ne pose pas plus de problèmes qu'en investissant en direct. La banque réclame généralement un apport personnel de 20% du prix d'achat et, en garantie, le nantissement des parts de SCPI. Elle peut également exiger que l'un des associés se porte caution solidaire de la SCI ou de la SCP emprunteuse. En cas de défaillance de la société, cela représente un risque supplémentaire pour votre conjoint(e) si celui-ci/celle-ci est également associé(e), que vous soyez marié sous le régime de la communauté des biens (cas le plus fréquent) ou sous celui de la séparation des biens. La caution doit avoir toute confiance dans ses coassociés.

Les dividendes versés par les différentes SCPI possédées seront versés sur le compte bancaire de la SCI ou de la SCP. Ces derniers seront ensuite distribués aux associés par le gérant au prorata du nombre de leurs parts. Bien entendu, vous pouvez également laisser le gérant réinvestir les dividendes dans l'achat de nouvelles parts de SCPI pour obtenir plus de dividendes futurs. Vous ne paierez ainsi aucun impôt puisque ce capital sera réinvesti dans la société.

L'intérêt de gérer vos SCPI au travers une SCI ou une SCPI est que le patrimoine immobilier n'appartient pas à un individu mais à une société. Le portefeuille de SCPI n'est donc pas soumis aux règles contraignantes de l'indivision (droit de propriété exercé par plusieurs personnes sur un bien). Cela signifie que chaque associé est copropriétaire des parts immobilières à hauteur du montant du capital qu'il possède dans la SCI ou la SCP. **Cette organisation du patrimoine facilite**

grandement la transmission vers les héritiers en préservant son unité en cas de succession.

Prenons un exemple pour mieux illustrer notre propos. Deux parents veulent procurer un revenu à leur unique enfant qui fait de longues études. Ils constituent une SCI ou une SCP avec leur progéniture. Les parents font ensuite une donation de l'usufruit d'une partie de leurs parts de la société à leur enfant afin que celui-ci perçoive les revenus distribués par la SCI ou la SCP. Le gérant (l'un des deux parents) conserve son pouvoir de gestion des parts de SCPI. Il peut réaliser tous les arbitrages qu'il juge nécessaire : acheter (comptant ou à crédit) et vendre des parts.

Plus tard, lorsque les parents seront plus âgés, ils pourront donner en nue-propriété (propriété d'un bien sur lequel une autre personne a un droit d'usufruit) la totalité de leur part à l'enfant, sans pour autant se démunir des revenus procurés par ces biens. **Le don des parts de la SCI ou de la SCP doit obligatoirement s'effectuer devant un notaire**. La loi prévoit un abattement de 100 000€ tous les 15 ans par parent donateur et par enfant. Par conséquent, grâce à une SCI ou une SCP, vous pouvez transmettre à vos héritiers un patrimoine immobilier non négligeable sans payer d'impôt! C'est ainsi que procèdent les riches. Alors faites comme eux !

Fiscalité de la SCI ou de la SCP

L'associé d'une SCI ou d'une SCP n'est imposé que si la société lui verse un dividende. Évidemment, si la société a recours à l'emprunt, tout l'argent sera utilisé pour rembourser la dette et les associés n'auront aucun impôt à payer. Une fois le crédit remboursé, les associés auront sûrement envie de profiter des loyers générés. Le bénéfice net de la société sera alors partagé entre les associés, sous forme de dividendes, en proportion de la part de chacun dans le capital. Ce dividende sera soumis à la *flat tax* (30%). La SCI ou la SCP n'est donc pas normalement assujettie à l'impôt sur le revenu.

Cependant, les associés peuvent décider de soumettre leur SCI ou SCP à l'Impôt sur les Sociétés (IS). Ce montage permet de minorer les coûts fiscaux de leurs investissements. La SCI ou la SCP sera imposée à un taux de 15% si ses bénéfices sont inférieurs à 38 120 euros et à 28% au-delà. Cette solution est uniquement avantageuse pour les contribuables ayant un TMI de plus de 40%.

Chapitre 11. Vendre ses parts de SCPI

Vendre des parts de SCPI (= marché secondaire) n'est pas plus compliqué qu'acheter. Il suffit de remplir un formulaire de rachat de parts. Sur celui-ci, vous devrez mentionner le nom de la SCPI, le numéro d'associé, le nombre de parts à vendre, le prix et la date de souscription, la date d'entrée en jouissance. Votre formulaire devra être envoyé en lettre recommandée en y joignant également une copie de votre carte d'identité et de votre Relevé d'Identité Bancaire (RIB).

La société de gestion vous paiera par virement bancaire. Cerise sur le gâteau : vous pouvez vendre seulement quelques parts de vos SCPI, alors qu'un bien immobilier détenu en direct ne peut pas être fractionné ! Comme pour l'immobilier physique, en vendant vos parts, vous serez soumis à la fiscalité des plus-values immobilières.

Cependant, **la liquidité du marché secondaire des SCPI n'est jamais garantie**. En effet, lorsque vous vendez vos parts, vous êtes confrontés à deux paramètres que vous ne maîtrisez pas :

- l'état du marché immobilier (crise ou non) ;
- l'intérêt des acheteurs potentiels pour vos SCPI.

Vous transmettez votre ordre de vente à la société de gestion mais ce n'est pas elle qui vous rachète vos parts (**vous n'avez aucun droit à un remboursement**). Elle enregistre votre demande à la valeur de retrait qui correspond au prix de souscription du moment, diminué de la commission de souscription, puis elle met vos parts en vente sur le marché secondaire.

La vente fonctionne ensuite comme celles des actions avec une confrontation de l'offre et de la demande dont la fréquence est variable. **Votre demande de cession de parts est acceptée uniquement si elle est compensée par la souscription d'un nouvel associé entrant**. Lorsqu'il y a vente, la SCPI procède au retrait des parts de l'associé puis les attribue aux souscripteurs.

Les frais, les droits d'enregistrement et la commission, perçus par la société de gestion, sont à la charge de l'acquéreur. Ils représentent environ 10% du prix de vente. En tant que vendeur, vous percevrez le prix de retrait qui correspond au prix d'émission du moment diminué de la commission de souscription hors taxe.

Cependant, n'écartez jamais l'hypothèse (peu probable mais pas impossible) que personne ne veuille acheter au moment où vous vendez. Dans ce cas, en l'absence d'acquéreurs, vous ne pourrez céder vos parts. Par exemple, les

SCPI ont connu de grandes difficultés sur le marché secondaire lors de la crise immobilière entre 1992 et 1997[32]. Par conséquent, vous l'aurez compris **les délais de vente de vos parts de SCPI peuvent prendre plusieurs semaines ou mois comme pour l'immobilier physique**.

---

[32] Les Échos, « Les SCPI dans la tourmante immobilière », 1er avril 1994, 1 p.

PARTIE III. FISCALITÉ DES SCPI

L'investisseur a souvent tendance à sous-estimer l'importance de la fiscalité (prélèvements sociaux et impôts). Or, celle-ci s'avère déterminante dans la rentabilité globale de tout projet d'investissement. C'est d'autant plus vrai, qu'en France, la fiscalité s'avère particulièrement complexe, lourde et instable pour le contribuable. **Plus qu'un risque, il s'agit d'un véritable piège dans lequel tombe souvent les investisseurs.**

Dans cette partie, nous allons nous consacrer exclusivement aux questions de fiscalité. Vous allez découvrir à quel type d'imposition vous êtes soumis et surtout comment éviter au maximum les frottements fiscaux afin d'optimiser vos investissements en SCPI.

Pour ne pas faire d'erreur, **il faut réfléchir à votre objectif réel en matière d'investissement**. S'il s'agit d'un besoin de revenus complémentaires immédiats, vous devrez comparer le rendement net de vos SCPI avec d'autre supports en adéquation avec votre fiscalité. S'il s'agit de valoriser un capital ou de préparer des revenus complémentaires à terme (ce qui est majoritairement le cas des investisseurs), vous devrez alors privilégier l'acquisition de parts de SCPI avec un levier de prêt bancaire ou en démembrement.

Chapitre 12. Fiscalité des SCPI

Les SCPI sont considérées comme des sociétés transparentes d'un point de vue fiscal. En effet, elles ne paient pas d'impôt sur les bénéfices mais ce sont les associés qui le payent au prorata de leur participation dans la société. **Chaque associé d'une SCPI est considéré fiscalement comme un propriétaire immobilier et fait donc l'objet d'une imposition sur son patrimoine**. Les revenus de vos SCPI doivent être déclarés au même titre que l'ensemble de vos revenus.

Imposition des SCPI

Que vous soyez propriétaire de biens immobiliers physiques ou de « pierre-papier, la fiscalité est du même type. En effet, les SCPI sont soumis au régime des revenus fonciers. Or, cette catégorie reste à l'écart de la *flat tax* qui s'applique aux dividendes issus d'actions. Le régime fiscal est donc le suivant :

- les revenus issus des SCPI détenant des biens en France sont considérés comme des revenus fonciers ;
- les revenus issus des SCPI détenant des biens à l'étranger sont généralement soumis à un impôt prélevé

à la source localement. Une convention fiscale entre la France et le pays concerné définit les règles. Ces revenus sont normalement exonérés d'imposition en France. Pour en être sûr, prenez contact avec la société de gestion de votre SCPI. Sachez que vous devrez également déclarer ces revenus issus de l'étranger pour calculer le montant de l'impôt sur les revenus de source française ;

- les plus-values à la revente des parts des SCPI sont traitées comme des plus-values immobilières. Comme pour la détention en direct, le montant de l'imposition sur les cessions dépend de la durée de détention. Le barème prévoit un abattement selon la durée de détention des parts ;
- les intérêts d'achat à crédit de parts de SCPI sont déductibles de votre impôt sur le revenu ;
- l'IFI s'applique aux SCPI. La valeur de cet impôt varie selon qu'il s'agisse des SCPI à capital fixe ou à capital variable. S'agissant des SCPI à capital variable, la valeur IFI correspond à la valeur de retrait pondérée au pourcentage de biens immobiliers détenus par la SCPI. Pour les SCPI à capital fixe, la valeur de l'IFI va correspondre au dernier prix d'exécution ;
- Les prélèvements sociaux s'appliquent.

Voici un schéma récapitulatif de la fiscalité des SCPI :

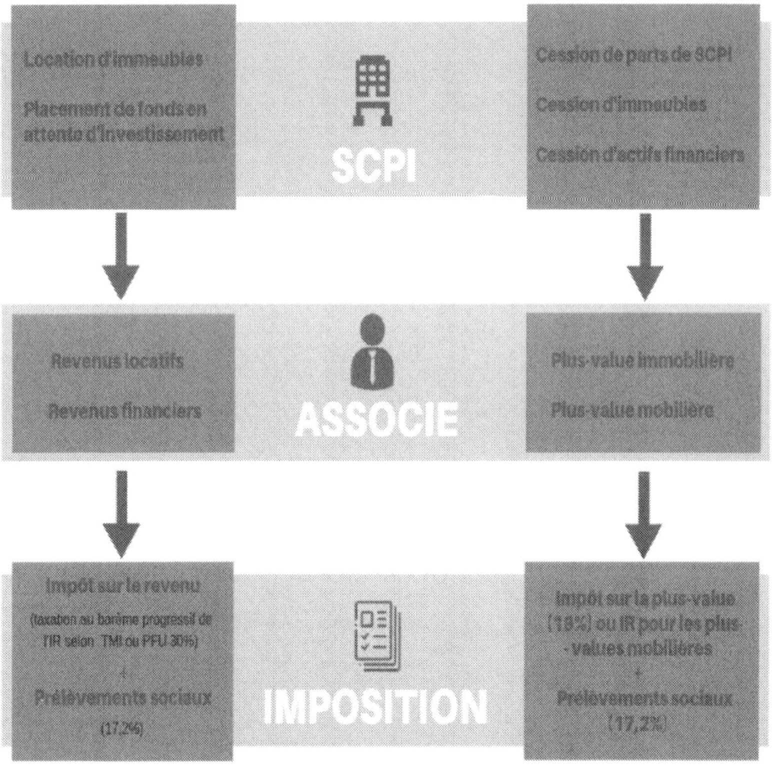

Fiscalité des SCPI[33].

Choix du régime fiscal d'imposition

[33] SCPI Online, « Le point sur la fiscalité des Sociétés Civiles de Placement dans l'Immobilier » (https://www.scpi-online.com/fiscalite-scpi/ - consulté le 21 décembre 2018).

En fonction de votre situation personnelle, il vous faut faire un choix qui ne relève que de vous : **quel régime d'imposition souhaitez-vous privilégier entre le micro-foncier et le régime réel** ? Sachez, avant de signer, que votre choix de régime fiscal pour vos revenus fonciers est irrévocable durant trois ans.

Vous pouvez opter pour le régime du micro-foncier. Il faut remplir 2 conditions :

- vos revenus fonciers ne doivent pas dépasser 15 000€/an ;
- Ces revenus locatifs ne doivent pas non plus provenir d'habitations ou de parts de SCPI défiscalisantes.

Le micro-foncier permet de bénéficier d'un abattement de 30% sur vos revenus.

Vous pouvez également opter pour le régime réel. Vous n'avez d'ailleurs pas le choix si vos revenus fonciers sont supérieurs à 15 000€/an. Dans les autres cas, le contribuable peut choisir le régime réel s'il a acheté ses parts de SCPI à crédit et que le montant des intérêts de l'emprunt est supérieur à l'abattement de 30% appliqué dans le régime du micro-foncier.

<u>Remplir votre déclaration d'impôt</u>

Concernant la déclaration aux impôts, n'ayez aucun tracas à vous faire. En effet, les sociétés de gestion des différentes SCPI que vous possédez vous préparent le travail en amont. Vous allez faire votre déclaration en fonction du régime (micro-foncier ou réel) que vous aurez choisi. **Remplissez la déclaration de revenus fonciers correspondant à votre situation.**

Pour le régime du micro-foncier, il vous suffit de consulter l'Imprimé Fiscal Unique (IFU). Ce document vous est transmis par votre société de gestion. Les loyers bruts collectés y figurent. Il vous suffit alors de reporter le chiffre dans la case « 4BE » de votre formulaire fiscal n°2042 (déclaration d'impôt classique). Si l'acquisition a été réalisée à crédit, les intérêts et les frais annexes (assurance emprunteur, frais de dossier, frais de garantie, ...) sont à reporter. Les montants à indiquer et les cases à remplir vous sont récapitulés dans un document que vous envoie la banque prêteuse. Pour chacune des SCPI où l'investissement a été financé à crédit, vous indiquez le nom de la banque prêteuse, la date de crédit et le montant des intérêts payés pour l'année. Le processus est très simple.

Si vous optez pour le régime réel, la démarche de déclaration ne sera guère plus compliquée. La société de gestion vous adressera chaque année le montant du revenu net à déclarer sur le formulaire fiscal n°2044. Toutes les charges et frais de gestion sont déduits en amont par la société de gestion. Vous pouvez être confronté à 2 situations :

- un bénéfice (revenu foncier) : le bénéfice est soumis aux prélèvements sociaux, puis imposé à votre TMI ;
- un déficit (déficit foncier) : dans le cas d'une perte, résultant de dépenses déductibles du revenu foncier (autres que les intérêts d'un crédit immobilier), celle-ci peut être déduire du revenu global du contribuable dans la limite de 10 700€. Au-delà de cette somme, la fraction du déficit supérieur est reportable sur les revenus fonciers des 10 années suivantes.

Si vos SCPI détiennent des actifs situés à l'étranger, vous devrez déclarer les revenus fonciers issus de l'étranger dans un formulaire ad hoc. En effet, il vous faudra remplir le formulaire fiscal n°2047. Vous y déclarez ces revenus avec, le cas échéant, d'autres revenus provenant de l'étranger (salaires, pensions, revenus de valeurs mobilières…)

D'autre part, **les parts de SCPI détenues en pleine propriété sont soumises à l'impôt sur la fortune immobilière (IFI)**. Cet impôt taxe toutes les personnes dont le patrimoine net est supérieur au seuil de 1,3 million d'euros. Il va s'agir de la résidence principale qui, pour rappel, bénéficie d'un abattement de 30%, mais également de tous les biens immobiliers de type maisons individuelles ou appartements, qu'ils soient en location ou utilisés à titre de résidences secondaire. S'agissant de SCPI, puisqu'étant considérées comme de l'immobilier physique sur le plan fiscal, elles sont à déclarer pour leur valeur IFI. Cette information doit être communiquée par la société de gestion via la transmission tous les ans à ses associés, d'un IFU.

De l'importance de votre TMI

Connaître votre TMI est absolument déterminant pour investir efficacement dans les SCPI. En effet, ce taux vous permettra de savoir si vous devez réaliser ou non un investissement en direct dans des parts de sociétés. Par exemple, un contribuable, imposé à un TMI de 45% auquel s'ajoutent les prélèvements sociaux (17,2%), achète en direct et sans crédit des parts de SCPI. Il verra ses revenus de SCPI amputés de 62.2% (45% + 17,2%) ! En clair, il ne percevra 37,8% net de ses dividendes. Dans cette configuration fiscale, il n'est clairement pas intéressant pour un contribuable avec un TMI de 45% d'acheter en direct et sans crédit des SCPI.

Maintenant que vous avez pris conscience que les dividendes issus de vos SCPI sont soumis à l'imposition, nous allons voir comment limiter cette fiscalité. Il existe plusieurs solutions en fonction de votre profil d'investisseur et de vos objectifs financiers. Dans les chapitres qui suivent, vous découvrirez les différentes options qui s'offrent à vous.

Chapitre 13. Les SCPI de défiscalisation

Une **SCPI de défiscalisation est un véhicule de placement immobilier qui permet à un épargnant d'investir en immobilier sans souci de gestion avec un avantage fiscal**. En effet, ce type de société permet au contribuable de réduire son imposition. Tout comme pour une SCPI classique, l'investisseur achète des parts et devient associé de la société. Le principe est simple : la SCPI de défiscalisation collecte des fonds auprès d'investisseurs et les investit dans des immeubles à usage d'habitation. Il existe différent type de SCPI fiscales mais elles toutes un point commun : leurs associés peuvent profiter d'un dispositif de défiscalisation. Reste qu'avant de se lancer, il vous faut bien comprendre les particularités propres à chaque type de véhicules.

Les SCPI Pinel

Les SCPI Pinel sont spécialisées dans les biens neufs. Elles ont vocation à investir exclusivement sur des immeubles et répondant au respect des normes énergétiques RT 2012 et BBC. Elles ouvrent droit à une réduction d'impôt pouvant atteindre 21% du montant total de son investissement. Autre gros avantage, le niveau du ticket d'investissement. Ainsi, quelques centaines d'euros suffisent à réaliser ce type d'investissement et il peut être modulé.

Répartie linéairement sur le nombre d'années choisies, la réduction d'impôt atteint 12% de l'investissement pour un engagement de 6 ans et dans la limite de 36 000 euros ou 18% si vous vous engagez sur 9 ans (limité à 54 000 euros). Dans le cas d'un prolongement sur 12 ans, vous bénéficiez alors d'une réduction de 21% (limitée à 63 000 euros). Attention, ce cadeau a une contrepartie : il rentre dans le plafond global des niches fiscales dont le montant est fixé à 10 000 euros[34].

Les SCPI Pinel exigent une conservation des parts de 6, 9 ou 12 ans. L'investisseur n'aura qu'à choisir la durée de location pour laquelle il souhaite s'engager et par conséquent le pourcentage de réduction d'impôt à laquelle il prétend. La gestion des biens est entièrement assurée par la société de gestion (l'investisseur n'a donc aucun souci de gestion) et elle se charge également de la revente du ou des biens au terme de la durée de location. Vous devez ensuite compter sur la liquidation des actifs pour récupérer votre mise. Et cela prend du temps ! À noter qu'à défaut de respecter vos engagements sur la durée,

[34] Service Public, « En quoi consiste le plafonnement global des niches fiscales ? », (https://www.service-public.fr/particuliers/vosdroits/F31179 - consulté le 25 août 2019).

l'administration fiscale peut remettre en cause l'avantage fiscal dont vous avez bénéficié.

Les SCPI Malraux

Les SCPI Malraux sont spécialisées dans les biens anciens en vue de leur réhabilitation. En effet, la loi Malraux s'applique aux travaux de biens situés dans un secteur sauvegardé, un quartier ancien dégradé, une zone de protection du patrimoine architectural, urbain et paysager (ZPPAUP) ou une aire de mise en valeur de l'architecture et du patrimoine (AVAP). Elle ouvre droit à une réduction d'impôt de 22 % (ZPPAUP) ou de 30 % (secteur sauvegardé) sur un montant maximum de travaux de 100 000 €, soit une réduction d'impôt maximale de 30 000€ par an.

Cependant, dans la réalité, la défiscalisation est moindre : autour de 17%-18% de l'investissement total. Pour quelle raison ? Tout simplement parce que la réduction d'impôt n'est pas calculée sur le montant de l'investissement mais sur la fraction consacrée aux dépenses issues des travaux.

Les SCPI de monuments historiques

Les SCPI de monuments historiques permettent d'acquérir des biens de prestige avec un ticket d'entrée moindre. L'investisseur peut déduire sa quote-part des travaux de rénovation. Attention, pour pouvoir bénéficier de l'avantage fiscal, vous devrez conserver vos parts au moins 15 ans.

Les SCPI de déficit foncier

Les SCPI de déficit foncier sont spécialisées dans les immeubles à rénover. C'est le montant de ces travaux de rénovation qui pourra être déduit des revenus fonciers de l'investisseur. De quoi s'agit-il ? La société de gestion se charge, sur une période de quelques mois, de procéder à la sélection des biens et à leur acquisition. Cette période coïncide avec la période de souscription, c'est à dire, la période au cours de laquelle les investisseurs procèdent à l'acquisition de parts de la SCPI.

A la livraison des actifs, ces derniers seront mis en location durant environ 10 ans, période pendant laquelle l'investisseur pourra bénéficier de l'avantage fiscal lié au dispositif. Au terme de la période de location, les actifs seront revendus, la SCPI dissoute, et l'investisseur pourra éventuellement récupérer des plus-values immobilières.

Durant toute la durée de détention de vos parts, vous allez pouvoir imputer sur vos revenus fonciers la quote-part des dépenses d'entretien et de réparation des immeubles acquis par la SCPI… tout en percevant les loyers générés par ces mêmes immeubles. Pour rappel, dans le cadre d'une SCPI déficit foncier, les charges déductibles sont entre autres :

- les dépenses de réparation ;
- les dépenses d'entretien ;
- les dépenses d'amélioration ;
- les dépenses d'agrandissement

On parle de déficit foncier lorsque les charges déductibles sont supérieures aux revenus. Ce déficit est déductible des revenus globaux pour la partie provenant des charges autres que les intérêts d'emprunt. La fraction due aux intérêts d'emprunts est déductible des revenus fonciers. Le déficit foncier déductible est plafonné à 10700 €, le surplus est reportable sur les années suivantes pendant 10 ans. Cette opération est d'autant plus avantageuse que votre tranche marginale d'imposition est élevée.

L'inconvénient de ce type de SCPI est que votre investissement est bloqué sur une longue durée (environ 10 ans). **La SCPI déficit foncier s'adresse plus particulièrement à des personnes qui se situent dans les tranches d'imposition hautes** (30 ; 41 ou 45%) et qui perçoivent par ailleurs, des revenus fonciers.

Sélectionner une SCPI de défiscalisation

Comme pour les SCPI de rendement, toutes les SCPI de défiscalisation ne se valent pas. En effet, vous ne devez pas vous précipiter pour acheter des parts dans l'une de ces sociétés sans effectuer une analyse. Sinon, votre achat risque de ne pas être un investissement mais un gouffre financier ! L'important est de bien étudier la politique d'investissement et la diversification d'une SCPI qui vous intéresse (lieu d'implantation des biens, type d'immeuble…).

L'intérêt limité des SCPI de défiscalisation

Le cadeau fiscal assorti à la souscription des SCPI de défiscalisation n'est pas sans contreparties. En effet, elles font chèrement payer leur avantage fiscal. Les inconvénients sont multiples.

Tout d'abord, **l'avantage fiscal n'est pas transmissible**. Votre investissement est donc lié à votre personne. Autre détail, les SCPI fiscales entrent dans le calcul du plafond global des niches fiscales qui s'élève actuellement à 10 700 euros.

Ensuite, **les SCPI fiscales rapportent moins que des SCPI de rendement** (2% à 3% par an). Cette faiblesse du rendement s'explique par le plafonnement des loyers dans le cadre des lois de défiscalisation.

Enfin, les conditions de revente des parts de SCPI de défiscalisation sont, pour le moins, fort complexes. En effet, il vous faut attendre longtemps, c'est-à-dire la liquidation de la SCPI, pour que vous en appréciiez plus précisément la rentabilité. La valorisation du capital investi est soumise aux aléas de l'évolution du marché immobilier. Sachez que **les SCPI fiscales ont une liquidité plus faible que les SCPI de rendement**. Leurs actifs sont souvent achetés dans des zones à faible attractivité locative, ce qui les rend plus difficiles à vendre rapidement.

Au final, **les SCPI de défiscalisation ont beaucoup d'inconvénients par rapport à leur seul avantage fiscal**. Par conséquent, je vous conseille fortement d'éviter d'y investir. Il existe d'autres solutions plus performantes, exposées dans les chapitres qui suivent, pour optimiser votre imposition.

Chapitre 14. SCPI investissant à l'international

Les SCPI internationales sont des sociétés dont le patrimoine est totalement ou majoritairement situé hors de France. Attention ! Il ne faut pas confondre les SCPI internationales, qui ont vocation à opérer essentiellement sur les marchés étrangers, et les SCPI qui se diversifie en partie à l'étranger. Ces dernières ont moins de 50,1% de leur patrimoine à l'international ce qui signifie qu'elles opèrent majoritairement en France (et donc au niveau fiscal, elles sont moins intéressantes pour un contribuable fortement imposé).

Les SCPI internationales sont beaucoup présentes en Europe. En effet, la mise en place d'une monnaie unique et d'un marché commun rendent les échanges plus simples et permettent aux investisseurs de profiter des nombreux avantages qu'offre ce marché. Les SCPI européennes facilitent une stratégie de diversification immobilière et donc accroissent la sécurité de vos investissements. En détenant des biens sur différents marchés, le rendement des SCPI n'est pas corrélé à un unique marché. Lorsque la situation économique d'un pays est affaiblie, celle d'un autre va permettre au rendement de la société de rester constant.

L'intérêt des SCPI internationales est double. D'une part, elles sont généralement soumises à l'imposition à la source dans leur pays d'origine. L'investisseur perçoit alors un dividende net d'impôt ce qui n'alourdit pas sa fiscalité en France. Ainsi, pour les personnes physiques soumises à un fort taux marginal d'imposition, il est plus avantageux de s'acquitter d'un prélèvement forfaitaire libératoire hors de nos frontières (Allemagne : 15,825%, Pays-Bas 25%…), plutôt que de l'impôt sur le revenu de droit français au barème progressif (jusqu'à 45%) majoré des contributions sociales (15,5%).

D'autre part, le rendement des SCPI internationales est supérieur à celui des SCPI françaises. En effet, les SCPI internationales ont accès à différents pays et donc à de nombreux marchés et actifs immobiliers différents. Ce choix plus large leur permet d'acquérir des biens à louer avec une rentabilité plus forte qu'en France.

Les SCPI internationales

Voici une liste (non exhaustives) de SCPI internationales :

SCPI INTERNATIONALES	
SCPI	**CARACTÉRISTIQUES**
ACTIPIERRE EUROPE	SCPI de commerces en Europe.
CORUM ORIGIN	SCPI diversifiée qui investit uniquement en Europe.
CORUM XL	SCPI diversifiée qui investit dans le monde entier (Europe, Canada…).
EUROFONCIÈRE 2	SCPI de bureaux en Europe.
EUROVALYS	SCPI de bureaux en Allemagne.
LF EUROPIMMO	SCPI de bureaux qui investit en Europe.
NOVAPIERRE ALLEMAGNE	SCPI de commerces en Allemagne.
PIERVAL SANTÉ	SCPI spécialisée dans les actifs immobiliers de santé en Europe (France et en Allemagne).
PRIMOFAMILY	SCPI diversifiée avec une forte part de résidentiel en Europe.

Les SCPI investissant dans les autres pays européens permettent de faire un placement profitant des avantages fiscaux des autres pays puisque l'immeuble suit le régime fiscal du pays dans lequel il est situé. La France étant l'un des pays ayant le taux d'imposition le plus fort de la zone euro, cet investissement vous permettra de bénéficier de régimes fiscaux plus légers grâce aux conventions fiscales entre les pays. Par exemple, en vertu de la convention allemande du 21 juillet 1959, les revenus locatifs perçus par la SCPI investie en Allemagne sont taxés dans ce pays. Or, dans cet État européen, l'imposition sur les revenus locatifs est moindre qu'en France. Pour l'investisseur français, les SCPI investies en Allemagne ont un double intérêt : l'imposition est faite à l'étranger avec un taux plus faible qu'en France et le rendement du dividende s'en trouve nettement amélioré.

Choisir vos SCPI internationales

Pour investir avec succès dans des SCPI internationales, vous devez vous montrer aussi exigeant que pour les SCPI de rendement en France. Il convient de toujours privilégier une société de gestion de référence qui est active à l'international depuis au minimum 5 années. Le patrimoine de la SCPI doit être diversifié. Privilégiez les sociétés ayant un taux d'occupation le plus élevé possible (minimum : 90%). Un dividende n'a pas besoin d'être élevé car ce qui compte c'est son évolution. Si vous constatez que celui-ci baisse depuis plusieurs années, n'investissez pas dans la SCPI ! Portez également attention à la capacité de la société à maintenir les revenus versés aux associés. Par exemple, le recours au report à nouveau et aux réserves de plus-values doit rester exceptionnel.

Remplir votre déclaration d'impôt

Le fait que les SCPI internationales investissent dans plusieurs pays génère une complexité supplémentaire pour votre déclaration d'impôt. En effet, de multiples règles s'appliquent. C'est, par exemple, le cas pour les conventions fiscales internationales, en fonction de chaque pays de situation des immeubles détenus par la ou les SCPI.

Les conventions fiscales permettent d'éviter une double imposition de l'investisseur (dans le pays étranger et en France). Il faut également prendre en compte le traitement fiscal extra-comptable des revenus de sources étrangères et des retenues à la source acquittées à l'étranger, dans le cadre d'un investissement en parts de SCPI dans une structure soumise à l'impôt sur les sociétés (holding patrimonial à l'IS ou SCI à l'IS).

Cependant, l'investisseur qui détient en direct des parts de SCPI internationales est aidé par la société de gestion pour faire sa déclaration d'impôt. En effet, celle-ci produit un document d'aide à la déclaration des revenus de la

SCPI, sur lequel figure les montants et les rubriques à renseigner. Les informations sont personnalisées pour chaque investisseur. Celui-ci n'a qu'à se contenter de les recopier la plupart du temps.

Pour les investisseurs qui sont des sociétés soumises à l'IS, la méthode d'élimination des doubles impositions prévues par les conventions fiscales équivaut à une exemption. S'il n'y a pas de conventions fiscales, les revenus fonciers de source étrangère sont déduits de celui-ci avant application du barème de l'impôt sur les sociétés.

Chapitre 15. SCPI à crédit

Comme pour l'immobilier physique, les SCPI présentent l'avantage de pouvoir être achetées à crédit. Cette possibilité offre plusieurs intérêts d'un point de vue patrimonial. Ainsi, fiscalement, le recours à un emprunt immobilier vous permettra de réduire les intérêts du crédit des revenus fonciers, diminuant l'impact fiscal. De plus, grâce au crédit, vous bénéficiez d'un effet levier vous permettant d'acquérir immédiatement un nombre de parts significatif de SCPI vous permettant de rembourser la majorité des mensualités de l'emprunt. Vous n'aurez alors plus qu'à compléter la différence qui correspondra alors à votre réel effort d'épargne.

Crédit à la consommation ou crédit immobilier ?

Pour acquérir vos parts de SCPI, vous pouvez recourir à un crédit à la consommation ou à un crédit immobilier. Les deux techniques sont utilisables mais ne présentent pas du tout le même intérêt pour l'investisseur.

Le crédit à la consommation est intéressant car il facilement accessible à tous. Une réponse de principe peut être obtenue dans un délai très court et l'argent vous est versé sur votre compte en quelques jours seulement. Cependant, ce type de crédit présente deux inconvénients majeurs : le taux d'intérêt est beaucoup plus élevé que celui d'un prêt immobilier et vous n'avez pas la possibilité de déduire les intérêts de l'emprunt pour vos impôts.

Le crédit immobilier est un peu plus complexe à obtenir (règle des 33% de taux d'endettement…). Cependant, il est beaucoup plus intéressant que le crédit à la consommation pour trois raisons : le taux est très nettement inférieur, vous pouvez n'avoir aucun apport personnel et vous pouvez également déduire les intérêts de l'emprunt pour vos impôts.

Les intérêts d'emprunt liés aux prêts finançant des parts de SCPI en France

L'achat de parts de SCPI ayant leur patrimoine en France en empruntant via un crédit bancaire permet de déduire :

- les intérêts d'emprunt des revenus perçus ;
- les frais de dossier ;
- le coût des assurances emprunteurs.

Toutes ces déductions permettent de réduire d'autant le net taxable ce qui diminue aussi l'assiette de l'IFI du montant de l'emprunt. Cette déductibilité s'applique sans limite de montant ni de durée. Par conséquent, vous vous rendrez propriétaire d'un patrimoine plus important en subissant moins de fiscalité et vous permettant ainsi d'obtenir plus de revenus à terme.

Les intérêts d'emprunt liés aux prêts finançant des parts de SCPI internationales

Les intérêts d'emprunt liés aux prêts finançant des parts de SCPI internationales ne sont pas déductibles des revenus fonciers de source française (sauf pour la partie qui concernerait les revenus de source française). Le calcul d'un prorata correspondant aux seuls revenus de source française est donc nécessaire si la SCPI distribue à la fois des revenus de source française et des revenus de source étrangère. Seule la partie « française » doit être prise en compte.

Chapitre 16. SCPI à crédit dans une SCI soumise à l'IS : bonne ou mauvaise idée ?

Si votre TMI est important et que votre objectif est de vivre à terme de vos rentes, vous pouvez constituer une SCI ou une SCP et opter pour l'Impôt sur les Sociétés (IS) lors de sa création. Dans ce cas, une muraille vient s'instaurer entre les revenus de la SCI et les revenus des associés de la société. Cette dernière est taxée sur son résultat net (ou bénéfice). Il faut alors tenir une comptabilité commerciale.

Les avantages

En période de constitution de patrimoine, l'option pour l'impôt sur les sociétés vous permet de constituer votre patrimoine avec un minimum de frottements fiscaux : 15% d'IS jusqu'à 38.100€ de bénéfice/an et 28% au-delà + déductibilité des intérêts des emprunts souscrits sans aucune limite + déductibilité des frais liés au fonctionnement de la société civile + aucune charge sociale si le gérant de la société est non rémunéré. Si les revenus sont plus importants, vous pouvez également constituer une seconde société civile pour bénéficier deux fois de la tranche à 38.100 euros En période d'inactivité, vous soldez les emprunts encore en cours en vendant quelques lignes.

Autre avantage : vous pouvez doter d'un faible capital initial votre SCPI, compléter par la suite celui-ci et vous faire rembourser. Cet argent est alors investi dans de nouvelles parts de SCPI pour produire plus de dividendes dans le futur. Lorsque vous décidez d'arrêter de travailler et de vivre des dividendes de votre SCI ou de votre SCPI, vous pouvez vous faire rembourser par votre société les sommes que vous avez engagées pour augmenter le capital de la société par des virements sur votre compte courant d'associé. Ces remboursements ne seront pas considérés par l'administration fiscale comme un supplément de revenu.

Les inconvénients

La gestion d'une SCI prend du temps pour l'investisseur. En effet, le recours à une société soumise à l'IS impose la tenue d'une comptabilité et le dépôt annuel de déclarations, ce qui nécessite d'avoir du temps libre ou de payer des honoraires à un comptable. Cette solution conviendra avant tout à des investisseurs ayants une imposition supérieure ou égale à 40% et un patrimoine immobilier déjà établi.

La revente de parts de SCPI détenus dans le cadre d'une SCI est pénalisante. En effet, alors que l'investisseur en direct pourra bénéficier d'une exonération d'impôt sur les plus-values hors prélèvements sociaux au bout de 22 ans et totale à la 30ème année, l'heureux porteur de parts de SCPI dans une SCI à l'IS n'aura droit à aucun abattement. Par conséquent, la question du dénouement de vos investissements nécessite de bien définir vos objectifs patrimoniaux pour ne pas avoir de déconvenues.

Chapitre 17. Le démembrement temporaire

Le démembrement temporaire de propriété permet de séparer la pleine propriété des parts en deux droits : l'usufruit et la nue-propriété. L'usufruitier permet de jouir du bien et de ses fruits (les loyers qu'il peut générer) tandis que le nu-propriétaire n'en a que la possession. Le démembrement dure selon les choix des parties (5 ans, 10 ans, 15 ans, voire plus). **L'avantage est de pouvoir acquérir des parts de SCPI à un prix décoté (-15% à -40%) tout en ne payant pas d'impôt**.

Pour le même capital vous pourrez ainsi acquérir plus de parts, sans subir aucune fiscalité puisque vous n'aurez aucun revenu. Y compris sur l'IFI. D'autre part, le nu propriétaire n'a pas à indiquer ces parts démembrées dans la déclaration de son patrimoine. Point important à ne pas négliger : pendant la période démembrement, la liquidité des parts est très limitée.

À la fin du montage, vous récupérez la pleine propriété des parts, sans aucuns frais ou impôt à acquitter. L'usufruit est automatiquement réintégré et vous pouvez bénéficier alors de revenus complémentaires. Vous pouvez également vendre vos parts et empocher l'éventuelle plus-value depuis votre acquisition.

Le démembrement constitue une stratégie optimale dans le cadre de la préparation de votre retraite. Les revenus sont différés pendant votre période de vie active où la fiscalité peut être parfois lourde et les dividendes perçus à terme pallieront votre baisse de revenus une fois votre activité cessée.
Attention : **le choix des SCPI dans lesquels vous investirez en nue-propriété devra se faire avec les mêmes critères rigoureux de sélection qu'un investissement en pleine propriété**.

Chapitre 18. Les SCPI dans une assurance-vie

Les SCPI logées dans une assurance-vie ont le statut d'unité de compte de votre contrat. Elles sont uniquement considérées comme du capital d'un point de vue fiscal et suivent les règles d'imposition applicables à toute assurance-vie. Au bout de 8 ans, vous bénéficierez d'une fiscalité très favorable comme tout contrat d'assurance-vie.

Cependant, ne pensez pas qu'à l'avantage fiscal. En effet, **vous ne devez pas souscrire des SCPI au sein d'un contrat d'assurance-vie uniquement pour échapper à l'impôt**. Vous risqueriez de choisir des contrats très peu rémunérateurs. Assurez-vous de sélectionner des contrats qui vous reversent 100% des dividendes des SCPI et qui ont les frais de gestion les plus faibles possibles (0,5% par an ou moins).

PARTIE IV. GÉRER ET TRANSMETTRE VOS SCPI

Maintenant que vous avez vu ce que sont les SCPI, comment les sélectionner et les acheter, il arrive le moment de passer à l'action. En effet, **tant que vous ne commencerez pas à investir dans les SCPI, vous ne débuterez pas votre processus d'enrichissement**. Vous devez établir une stratégie d'investissement et vous y tenir. Quels que soient vos moyens ou votre âge, n'attendez plus. **Faites-le dès aujourd'hui !** C'est le meilleur service que vous puissiez vous rendre.

Pour vous enrichir avec les SCPI, vous devez vous comporter en investisseur de long terme. En effet, ne vous attendez pas à des dividendes époustouflants ou à une hausse spectaculaire du prix des parts dès la première année. Rappelez-vous que vous êtes copropriétaire de biens immobiliers physiques et que ceux-ci n'offrent jamais des performances économiques décoiffantes à court terme. Le temps est ici votre allié.

Cependant, gardez en permanence à l'esprit que **s'enrichir ne doit pas être une fin mais un moyen** d'atteindre vos buts dans l'existence. En effet, **la priorité dans la vie, ce n'est pas l'argent mais le bien-être**. Avec le recul, nous savons aujourd'hui que la société de consommation n'engendre pas le bonheur mais la frustration. Pour vivre une vie plus riche, vous devez placer l'Homme au centre de vos préoccupations.

Chapitre 19. Prenez conscience de l'importance de l'inflation et du rendement de vos SCPI

Tout investisseur doit comprendre ce qu'est l'inflation afin de préserver son pouvoir d'achat. En effet, **l'inflation est l'ennemi n°1 du rentier, bien avant les impôts et autres taxes**. Celle-ci agit silencieusement mais inlassablement pour rogner la richesse des individus. Par exemple, voici ci-dessous l'évolution du prix de l'électricité en France entre 2006 et 2016 :

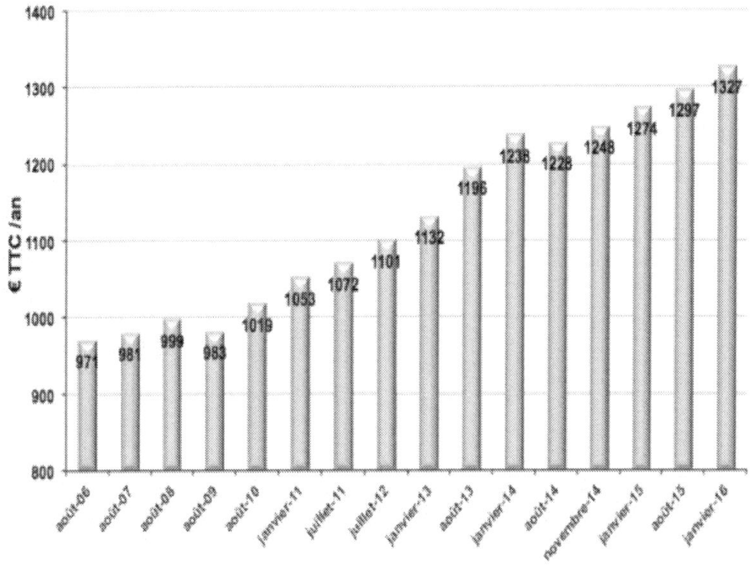

Source : *Capital*[35].

[35] *Capital*, « La vérité sur la facture EDF : elle a augmenté de plus de 37% en 10 ans » (http://www.capital.fr/votre-argent/la-verite-sur-la-facture-edf-elle-a-augmente-de-plus-de-37-en-10-ans-1138729 - consulté le 6 août 2017).

Comme vous pouvez le constater, **avec l'inflation, vous perdez du pouvoir d'achat car les prix des biens et des services ne cessent d'augmenter**. Cela signifie qu'avec la même somme d'argent, vous pouvez acheter de moins en moins de choses d'années en années. Par exemple, avec un taux d'inflation de 2% par an, un capital de 10 000€ en l'an 2000 ne vaut plus en valeur réelle que…8 397 € en 2009, soit une baisse de 16 % du pouvoir d'achat !

L'inflation est encouragée par les États. Pourquoi ? Tout simplement parce que, si en valeur nominale, la somme empruntée ne change pas, en valeur réelle (c'est-à-dire en pouvoir d'achat), la somme remboursée est moindre. Les gouvernements à travers le monde favorisent donc l'inflation pour réduire le poids de leur dette publique. Par exemple, au sein de l'Union Européenne, la mission principale de la Banque Centrale Européenne (BCE) est de produire une inflation de 2%[36].

Pour conserver son pouvoir d'achat et s'enrichir, l'investisseur doit investir dans des actifs qui lui rapportent plus que l'inflation chaque année. La plupart des particuliers se contentent de placer leur argent sur des supports jugés « sans risque ». Leur aversion pour la perte en capital les pousse à placer leur argent dans des supports considérés comme sûrs, tels

[36] Jan Strupczewski, Balazs Koranyi, « L'inflation en zone euro conforte la BCE dans ses choix », *L'usine nouvelle*, 31 octobre 2018, 1 p.

que le « Livret A » ou les assurances vie en « fond euros » (c'est-à-dire des obligations d'États européens). Or, ces supports n'ont cessé de voir leur rendement décroître depuis le début du XXIe siècle, au point qu'ils rapportent moins aujourd'hui que l'inflation. Cela signifie que l'épargnant qui place de l'argent sur ces supports perd du capital.

Investir dans les SCPI est un excellent moyen d'obtenir un rendement qui protège de l'inflation. Pourquoi ? Parce que les loyers sont indexés sur l'inflation. Cependant, nous avons vu que de nombreuses SCPI ont tendance à réduire leur dividende au fil des années. Par conséquent, **prenez une marge de sécurité en recherchant des sociétés qui rapportent au moins deux fois plus que l'inflation**. Par exemple, si le taux d'inflation est de 2% par an, privilégiez les investissements rapportant au moins 4% par an.

Cependant, comme nous l'avons déjà vu, toutes les SCPI ne se valent pas. En effet, les sociétés qui font décroître leur dividende au fil du temps ne vous protègent pas de l'inflation. Elles sont donc à fuir ! **Vous devez investir, au minimum, dans des SCPI capables de conserver leur dividende, voire de l'accroître, année après année**.

Chapitre 20. Définissez votre stratégie d'investissement

Le succès commence dans la tête avant d'avoir réussi. En effet, vous devez comprendre comment fonctionne le cerveau de l'être humain. Celui-ci marche avec les désirs. Ce sont eux qui vous incitent à transformer vos rêves en réalité. Vous devez avoir un désir assez puissant pour n'agir qu'en fonction de cet impératif qui vous conduira au succès.

Quels sont vos buts dans la vie ?

Prenez un carnet et un stylo pour écrire vos réponses. Demandez-vous :

- Pourquoi est-ce que je veux devenir riche avec l'immobilier ?
- Quels sont mes points forts ?
- Quels sont mes points faibles ?
- Qu'est-ce que je veux obtenir ?
- Qu'est-ce que je veux être ?
- Qu'est-ce que j'aimerai partager ?
- Où est-ce que je veux aller ?
- Où est-ce que je souhaiterai vivre ?
- Qu'est-ce que je ferai de ma vie une fois riche ?

Pour construire votre stratégie d'investissement, vous devez bien vous connaître afin de capitaliser sur vos points forts et essayer de corriger vos points faibles.

Vous devez également être précis dans les objectifs que vous vous fixez. Il ne suffit pas d'écrire dans votre plan : « je être riche pour avoir plein d'argent ». Il ne s'agit pas de dire que vous voulez des tonnes de sous. **Vous devez savoir combien d'argent vous avez besoin, pour quelles objectifs, et définir la date à laquelle vous devez avoir atteint votre but d'indépendance financière**. Fixez-vous le montant exact de la somme annuelle qu'il vous faut pour vous considérer comme financièrement indépendant. À partir de là, déterminez une rente mensuelle à atteindre.

Combien vous faut-il de capital pour devenir rentier ?

Un rentier est une personne dont les revenus passifs sont supérieurs à ses dépenses mensuelles. Dans ce livre, nous prenons une hypothèse de base. Multipliez ensuite la somme nécessaire pour répondre à votre situation personnelle. En 2019, le SMIC mensuel net est à 1 201€. Si vous générez deux fois cette somme (1 201 x 2 = 2 402€/mois, soit 28 824€/an) avec vos investissements, vous ne serez pas milliardaire mais vous serez rentier et avec un niveau de vie correct.

Nous prenons pour hypothèse que vos SCPI vous rapporteront au moins 5% net par an. Maintenant se pose une question centrale : combien vous faut-il de capital investi en SCPI pour obtenir l'équivalent de 2 SMIC ? C'est très simple :

600 000€ x 5% /12 mois = 2 500€/mois (soit 30 000€/an).

En résumé, **si vous souhaitez obtenir une rente mensuelle équivalente à 2 SMIC, vous devrez investir 600 000€**. Oui, je sais, c'est une somme énorme pour la majorité des Français ! Mais personne n'a dit qu'atteindre l'indépendance financière était gratuit...c'est même tout le contraire dans un système économique capitaliste !

Cependant, ne vous découragez pas ! En effet, il existe une série de solutions qui vous permettront d'atteindre cette somme. Voici quelques idées :

- N'investissez votre capital que dans des SCPI offrant un rendement supérieur à 5% net (oui c'est tout à fait possible). Cela réduira considérablement le capital dont vous aurez besoin pour être rentier ;

- Utilisez l'effet boule de neige de l'intérêt composé : achetez des parts de SCPI tous les mois et, avec vos dividendes, réinvestissez dans l'acquisition de nouvelles parts. Votre besoin en capital sera nettement réduit ;
- Revendez certaines de vos parts de SCPI qui sont avec une forte plus-value pour acheter des parts de SCPI moins chères et qui rapportent 5% net ou plus ;
- Investissez votre héritage (lorsque ce sera le cas) dans l'acquisition de nouvelles parts de SCPI.

Au pire, si vous n'arrivez pas à atteindre le capital indiqué dans ce chapitre, vous vous constituerez un patrimoine qui vous rapportera un complément retraite. En effet, ne comptez pas sur notre État profondément endetté pour vous offrir une retraite dorée ! Si vous épargnez et investissez chaque mois dans les SCPI, même modestement (au moins 100€/mois), vous serez toujours mieux loti que les individus qui ne se seront pas préparés à la baisse drastique de leurs revenus une fois qu'ils seront pensionnés. Mais surtout, **n'oubliez jamais de diversifier votre patrimoine immobilier entre plusieurs SCPI (au minimum 10)**.

Mettez en place votre plan d'enrichissement

La stratégie à suivre pour s'enrichir avec la pierre papier est très simple. **Vous investissez dans des SCPI, vous encaissez les dividendes et les réinvestissez à chaque fois pour faire grossir, année après année, vos revenus jusqu'au jour où vous déciderez que vous avez assez d'argent pour être libre sur le plan financier**.

Il vous faut épargner plus pour investir plus et donc gagner plus pour épargner plus. Et laisser faire vos investissements. Votre argent travaillera durement pour vous.

Un bon investissement générera plus de revenus dans le futur que votre dépense initiale. Le but n'est pas de vous rendre avare mais de vous faire comprendre tout l'intérêt d'une forte épargne pour devenir rapidement financièrement libre. Il s'agit d'une stratégie purement *buy and hold*, c'est-à-dire passive, comme le disent si bien les anglo-saxons !

Chapitre 21. Exemples de portefeuille de SCPI

Dans ce chapitre, vous trouverez différentes suggestions de portefeuilles immobiliers que vous pouvez vous constituer en achetant différentes SCPI. Tous ces exemples respectent le principe de la **diversification des investissements**. Celle-ci vous permettra de dormir sur vos deux oreilles. Vous ne mettrez pas tous vos œufs dans le même panier. Vous n'aurez donc jamais à craindre de ne pas recevoir vos revenus.

Portefeuille à revenus mensuels :

CORUM ORIGIN CORUM XL

AVANTAGES	INCONVÉNIENTS
-Les dividendes sont versés tous les mois ; -Le portefeuille est diversifié à travers le monde.	-Les 2 SCPI sont gérées par la même société de gestion. -Le portefeuille est exposé aux risques de change de monnaies différentes.

Portefeuille à dividende croissant :

CŒUR DE VILLE CORUM ORIGIN CRISTAL RENTE LOGIPIERRE 3 NOVAPIERRE ALLEMAGNE SOFIPIERRE

AVANTAGES	INCONVÉNIENTS
-Ce portefeuille est diversifié d'un point de vue sectoriel et géographique (différents pays) ; -Il permet de s'enrichir efficacement grâce à l'augmentation du dividende.	-Il n'y a aucune garantie que les SCPI constituant ce portefeuille continuent de verser un dividende croissant dans l'avenir.

Portefeuille diversifié à revenus mensuels :

CORUM ORIGIN CORUM XL ÉPARGNE PIERRE

VENDÔME RÉGION PIERVAL SANTÉ EFIMMO

AVANTAGES	INCONVÉNIENTS
-Ce portefeuille est diversifié d'un point de vue sectoriel et géographique (différents pays) ; -Il propose un revenu mensuel ; -Plusieurs SCPI proposent un dividende croissant.	-Il n'y a aucune garantie que les SCPI constituant ce portefeuille continuent de verser un dividende croissant dans l'avenir.

Les quelques portefeuilles présentés ci-dessus ne constituent que des exemples. Les possibilités sont infinies en fonction de vos objectifs. N'hésitez pas à vous faire conseiller par un courtier spécialisé dans l'acquisition de SCPI si vous avez des doutes. **La seule règle à garder à l'esprit est que vous investissez dans des SCPI de rendement, donc vous devez obtenir, au minimum, un dividende qui ne baisse pas dans le temps** ! À vous d'investir judicieusement pour obtenir le rendement le plus élevé possible, sans pour autant prendre trop de risques en plaçant votre argent dans n'importe quelle SCPI. C'est toujours la même chose, **en matière d'investissement, vous devez arbitrer entre le rendement et le risque**.

Combien faut-il investir par SCPI ?

Il y a un nombre de parts minimum à acheter lorsque l'on veut investir dans une SCPI (voir la société de gestion concernée). En revanche, il n'y a pas de maximum. Vous pouvez en achetez autant que vous le souhaitez. Cependant, **dans le cadre d'une stratégie d'investissements diversifiés, il est prudent de ne pas investir plus de 10 000€ par SCPI**. C'est d'ailleurs tout l'intérêt que d'investir dans la pierre papier. **Acheter des parts de SCPI offre à l'investisseur pour une somme modique un pouvoir de diversification de son patrimoine infiniment supérieur à l'investissement en direct dans un bien immobilier physique**.

Chapitre 22. Gérer vos SCPI au quotidien

En investissant dans les SCPI, vous mettez votre patrimoine en mode « pilote automatique ». En effet, les SCPI ne nécessitent pas de gestion active de votre part. Les seules tâches que vous aurez à accomplir dans l'année sont les suivantes :

- vérifier que vos dividendes ont bien été payés sur votre compte en banque (une fois par mois) ;
- acheter de nouvelles parts de SCPI (une fois par mois) ;
- lire les bulletins trimestriels de vos SCPI (une fois par trimestre) ;
- voter aux assemblées générales (une fois par an) ;
- effectuer votre déclaration d'impôt sur le revenu (une fois par an) : chaque année, vous recevrez les imprimés fiscaux qui vous permettront de remplir votre déclaration d'impôts sur le revenu ainsi qu'éventuellement l'IFI.

Comme vous pouvez le constater, votre travail de gestion de votre patrimoine est minime. Et c'est tant mieux ! Vous pourrez ainsi vous consacrer à mener une vie plus heureuse.

Rappelez-vous, vous avez besoin d'argent de manière régulière pour vivre car **votre but est de devenir rentier**. Si possible, il faudrait que vos flux de trésorerie arrivent sur vos comptes chaque mois. Pour y parvenir, **vous devez veiller à vous assurer du suivi de vos flux de revenus passifs**. Ne vous inquiétez pas. Je ne vous demande pas de surveiller vos SCPI comme le lait sur le feu ! Par contre, **vous devez faire vos comptes une fois par mois**. Cela vous permettra de savoir ce que vous avez gagné sans rien faire. Vous verrez, cela vous rendra heureux de constater que l'argent travaille durement à votre place et non l'inverse !

Pour cela, **utilisez un tableau de suivi de vos flux de revenus passifs**. Le principe de ce tableau est simple. Créez un fichier avec un tableur d'une suite bureautique (Microsoft Office, LibreOffice…). Chaque mois, inscrivez le dividende que vous avez reçu par SCPI. Utilisez la fonction « somme » de votre tableur pour qu'il vous fasse automatiquement l'addition de tous vos revenus mensuels. Grâce à ce tableau, vous saurez immédiatement combien d'argent vous aurez reçu pour le mois qui vient de s'achever. Cela vous permettra de savoir où vous en êtes par rapport à votre objectif de rente mensuelle que vous souhaitez obtenir. Voici, ci-dessous, un exemple de tableau de suivi dont vous pouvez vous inspirer :

Exemple de tableau suivi des dividendes des SCPI :

PATRIMOINE IMMOBILIER	JANV	FÉV	MARS	AVR	MAI	JUIN	JUILL	AOÛT	SEPT	OCT	NOV	DÉC
SCPI n°1	1	2	1	1	1	1	1	1	5	1	1	1
SCPI n°2	1	1	1	0	1	0	1	0	1	1	0	1
SCPI n°3	1	1	1	0	1	0	1	0	1	1	0	1
REVENU MENSUEL:	3	4	3	1	3	1	3	1	7	3	1	3

Comme vous pouvez le constater, il est très facile de faire le suivi mensuel de vos revenus issus de vos SCPI. Et vous verrez, il est grisant de constater que vous recevrez de plus en plus d'argent sur votre compte bancaire (au fil du temps), tout cela sans avoir à gérer des locataires, des travaux ou de participer à des réunions avec un syndic de copropriété ! Bref, **les SCPI sont véritablement un moyen de générer des revenus complètement passifs qui vous permettront de consacrer votre temps à autre chose qu'à travailler pour de l'argent**.

Protégez-vous contre les accidents de la vie

L'existence n'est jamais un long fleuve tranquille. En effet, tôt ou tard, vous serez confronté à des aléas de la vie (divorce, décès du conjoint…). Si vous n'avez pas pris vos précautions au préalable, tout changement de votre situation est susceptible de remettre en question votre projet d'enrichissement. Il faut donc faire en sorte que les événements de la vie ne puissent pas avoir d'emprise sur vous (ou le moins possible). C'est ce qui fait la différence entre les riches et les pauvres.

Vous devez prendre une série de mesures administratives et financières pour vous créer une

protection contre les principaux aléas de la vie. Voici un tableau récapitulant les risques que vous devez prendre en compte :

RISQUE	PROTECTION
Coups durs (voiture à remplacer…)	- 6 mois de salaire (sur un « Livret A », une assurance-vie fond euros).
Perte d'emploi	- Assurance chômage.
Contentieux juridique	- Protection juridique.
Atteinte aux personnes	- Assurance responsabilité civile.
Atteinte aux biens (vol, dégradation…)	- Assurance véhicule ; - Assurance logement.
Santé (hospitalisation…)	- Sécurité sociale ; - Mutuelle.
Accident	- Assurance.
Invalidité	- Assurance.
Voyages (rappatriement…)	- Assurance.
Dépendance	- Assurance.
Décès	- Testament ; - Don entre époux : si vous êtes marié(e).

Je sais, cela peut vous sembler énorme de **mettre 6 mois de salaire de côté sur un fond d'urgence**...pour ne rien en faire ! C'est très frustrant d'accumuler de l'argent et de ne pas pouvoir l'investir. Mais ne comptez pas uniquement sur les assurances. Le *business model* des assureurs est de vous faire payer un maximum de cotisations et de vous rembourser le moins possible ! Et même si votre assureur vous indemnise intégralement, ce ne sera jamais à l'instant « T ». Il y aura toujours un délai de traitement de votre demande.

En disposant d'un fond d'urgence, vous pouvez faire face aux événements exceptionnels de la vie en sachant que vous êtes assuré et que vous avez, en plus, immédiatement de l'argent disponible. **Si vous utilisez votre fond d'urgence, vous devez le reconstituer au plus vite**.

Protégez votre famille

Les accidents de parcours peuvent arriver dans toutes les familles. Voici un tableau récapitulant les principaux risques que vous devez prendre en compte :

RISQUE	PROTECTION
Coups durs (voiture à remplacer…)	- 6 mois de salaire du couple (sur un « Livret A », une assurance-vie fond euros).
Perte d'emploi	- Assurance chômage.
Contentieux juridique	- Protection juridique.
Atteinte aux personnes	- Assurance responsabilité civile.
Atteinte aux biens (vol, dégradation…)	- Assurance véhicule(s) ; - Assurance logement.
Santé (hospitalisation…)	- Sécurité sociale ; - Mutuelle ; - Assurance des enfants.
Accident	- Assurance.
Invalidité	- Assurance.
Voyages (rapatriement…)	- Assurance.
Dépendance	- Assurance.
Décès	- 2 testaments (un réalisé par chaque conjoint) ; - Don entre époux : si vous êtes marié(e).

Votre conjoint et vous-même devez prévoir d'être couverts au minimum pour les mêmes risques. Pensez toujours au pire en étant prévoyant. Par exemple, si vous empruntez pour acquérir des SCPI, sélectionnez une assurance prenant en charge à 100% sur vos deux têtes le remboursement du crédit si l'un de vous décède. C'est un peu plus cher mais vous aurez la garantie que le conjoint survivant n'aura plus à payer l'emprunt. C'est une sacrée charge financière en moins ! Ne soyez jamais égoïste à l'égard de vos proches. Et **ne faîtes pas d'économie de bout de chandelle sur la protection de votre famille**.

Se protéger en cas de possible séparation

Un mariage sur deux se termine par un divorce[37]. Vous devez donc prendre des précautions pour éviter que votre projet d'enrichissement ne tombe à l'eau. Lorsque vous vivez avec quelqu'un, vous êtes sous l'un des quatre statuts juridiques suivants :

- L'union libre (vous n'êtes pas marié) : le régime de la séparation des biens s'applique aux deux conjoint(e)s de fait ;

[37] France Info, « Famille : un mariage sur deux finit par un divorce », 17 janvier 2016, 1 p.

- Le Pacte Civil de Solidarité (PACS) : le régime de la séparation des biens s'applique aux deux conjoints pacsés. Si les deux partenaires ont opté pour le régime de l'indivision, alors dans ce cas, il doit y avoir partage entre les deux personnes (assurance-vie…) :
- Le régime du mariage sous la « communauté réduite aux acquets » (c'est le régime par défaut) : 8 couples sur 10 sont unis avec ce régime. Il permet aux deux membres du couple de conserver ses biens personnels détenus avant l'union. En revanche, les biens acquis après l'union sont mis en commun, même si l'un des conjoints a tout financé tout seul. En cas de séparation, l'ensemble des biens acquis après l'union sont divisés en deux (livrets, biens immobiliers…). Une assurance-vie détenue par un souscripteur appartient également à la communauté. En cas de divorce, la valeur du contrat devra être divisée entre les deux conjoints. La seule exception concerne les achats financés par un conjoint ayant reçu un héritage ou une donation ;
- Le régime du mariage sous séparation des biens : Il permet aux deux membres du couple de conserver leurs biens personnels après l'union. Les deux conjoints gèrent indépendamment leur épargne puisqu'elle leur

appartient. Par exemple, l'argent versé sur un contrat d'assurance-vie est censé provenir des économies de l'assuré. Il n'y a donc rien à partager entre les deux conjoints pour ce contrat lors d'une séparation.

La question des familles recomposées ne doit pas être oubliée. En effet, le matrimonial influence le patrimonial. La première étape est donc de bien choisir le statut d'union avec votre nouveau/nouvelle conjoint(e). Après un divorce douloureux, certains préfèrent le PACS. Ce régime est moins protecteur que le mariage puisque votre partenaire ne peut recevoir qu'une part limitée des biens et ne pourra prétendre à recevoir votre pension de réversion.

Si vous envisagez de vous remarier, privilégiez le régime de la séparation des biens. Ce dernier vous permettra de protéger votre patrimoine en cas de nouvelle séparation. Vous pouvez également opter pour l'union libre. Ce statut ne confère aucun droit au concubin. Tout le patrimoine revient aux enfants lors du décès. Par conséquent, comme vous pouvez le constater, **protéger le patrimoine n'est pas une question anodine**. Elle nécessite de discuter avec tous les membres de la famille. C'est l'unique moyen d'éviter des difficultés que la justice ne pourra ensuite pas résoudre sans générer des rancoeurs.

Chapitre 23. Transmettre vos SCPI

Au moment de la succession, **les parts de SCPI héritées sont taxées selon le régime de droit commun au titre des droits de succession**. Des abattements légaux sont établis en fonction du degré de parenté de l'héritier avec le défunt. À cette fiscalité s'ajoutent des frais de dossier, généralement forfaitaires, que les sociétés de gestion prélèvent au titre du changement de titulaire des parts. En cas d'achat en direct et à crédit de parts de SCPI, l'assurance décès permet de rembourser la dette et ainsi de protéger les héritiers. Dans ce chapitre, vous allez voir que l'on peut considérablement optimiser la transmission de votre patrimoine immobilier grâce à une série de dispositions légales.

Le don entre époux

Lors d'un décès, le capital du défunt est réparti selon une hiérarchie imposée par la loi entre les membres de sa famille, avec une priorité donnée à l'époux survivant et aux enfants. Considérées comme des éléments constitutifs du patrimoine immobilier, les parts de SCPI rentrent dans l'actif successoral de son propriétaire. Par conséquent, **si vous êtes mariés et que vous souhaitez avantager votre conjoint en cas de décès,**

vous avez tout intérêt à recourir à la formule, peu coûteuse (moins de 200€)**, de la « donation entre époux »**.

Cet acte juridique, rédigé par un notaire, permet d'augmenter la part d'héritage à laquelle le conjoint survivant a droit. Vous devez choisir entre 3 options :

- donner la totalité de l'usufruit (possibilité déjà prévue sans donation au dernier des vivants) ;
- donner 1/4 la succession en toute propriété et 3/4 en usufruit ;
- donner la pleine propriété de la quotité disponible (celle-ci varie en fonction du nombre d'enfants : 1/3 pour 2 enfants, 1/4 pour 3 enfants…) : cette option est à éviter si vous avez plus de 3 enfants car la quotité sera trop faible pour permettre à votre conjoint de bénéficier d'une part utile de votre patrimoine.

Le don aux enfants (ou d'autres héritiers)

Les SCPI constituent un instrument très souple pour la gestion et la transmission de votre patrimoine immobilier. En effet, un portefeuille de SCPI peut être divisé en autant de groupes de bénéficiaires que l'on peut imaginer, sous réserve de respecter la contrainte de conserver un nombre entier de parts pour chaque bénéficiaire. Par exemple si un investisseur souhaite léguer un portefeuille de 300 parts de SCPI de façon égalitaire à ses trois enfants, il pourra très simplement transmettre 100 parts à chacun de ses enfants. **Chaque héritier est pleinement propriétaire de ses parts et peut agir indépendamment des autres héritiers** (vendre ses parts, conserver ou en racheter de nouvelles).

Chaque parent peut donner jusqu'à 100.000 euros de parts de SCPI à chaque enfant tous les 15 ans. Au delà de ce montant plafond, des droits progressifs s'appliquent.

Afin de transmettre à ses proches sans supporter de droits de succession, il est possible d'acquérir des parts de SCPI de rendement en démembrement de propriété. L'investisseur conserve l'usufruit des parts, continuant ainsi d'en percevoir les revenus, et en donne la nue-propriété à ses héritiers (ses enfants ou ses petits-enfants par exemple), selon la répartition de son choix. **Pour être valide, la donation doit être expressément acceptée par le donataire et faire l'objet d'un acte notarié**.

Pour les héritiers, obtenir des parts de SCPI en nue-propriété présente un réel avantage fiscal. En effet, ils bénéficient d'abattements légaux sur les droits qu'ils doivent payer à la donation, également déterminés selon le degré de parenté avec le donateur (100 000 euros pour les enfants, 31 865 euros pour les petits-enfants, 15 932 euros entre frères et sœurs...).

De plus, ces droits sont calculés sur une base d'imposition plus faible qu'en cas de pleine propriété des parts de SCPI. Ainsi, c'est la valeur de la nue-propriété, déterminée selon un barème légal en fonction de l'âge du donateur-usufruitier, qui est prise en compte. Plus le donateur est âgé, plus la valeur de la nue-propriété est importante et se rapproche de la valeur en pleine propriété.

Si le propriétaire de parts de SCPI donne simplement la nue propriété, le donataire deviendra pleinement propriétaire à la mort du donateur. Les héritiers ne peuvent donc vendre les parts de SCPI en nue-propriété avant le décès de l'usufruitier. Cette solution permet de transmettre tout ou partie de son patrimoine sans se séparer de son vivant du revenu complémentaire apporté par l'usufruit des parts de SCPI.

Autre avantage, **les nu-propriétaires restent affranchis du paiement de l'impôt** (sur le revenu et IFI) pendant toute la durée du démembrement. À la fin de celui-ci, c'est-à-dire au décès de leur donateur, ils récupèrent la pleine propriété des parts sans avoir à s'acquitter des droits de succession.

Il est tout à fait possible de faire une donation d'une partie d'un portefeuille de SCPI en pleine propriété à un seul héritier qui aurait besoin de revenus complémentaires

(par exemple en cas de chômage, divorce, surendettement…), **tout en différant la donation aux autres héritiers, ou en ne leur donnant que la nue-propriété** (par exemple des héritiers fortement fiscalisés à l'impôt sur le revenu et/ou l'IFI qui ne souhaiteraient pas alourdir leur fiscalité après donation).

Transmettre via une assurance-vie

Une autre méthode efficace de transmission de votre patrimoine immobilier est l'assurance-vie. En effet, vos parts de SCPI logées dans une assurance-vie sont des unités de comptes. Elles sont liquides et transmissibles de manière très simple. Il suffit de désigner un héritier dans votre contrat (ou de laisser la clause par défaut). Les parts de SCPI seront transmises sans être vendues.

Les sommes versées à un bénéficiaire via un contrat d'assurance-vie ne font pas partie de la succession. Par exemple, pour les versements effectués avant les 70 ans de l'assuré, chacun de bénéficiaire désignés sur le contrat d'assurance-vie ne paiera aucune taxe à l'État jusqu'à 152 000€[38]. Au-delà de cette somme, la taxe s'élèvera de 20% à 31,25%.

---

[38] Ludovic Clerima, « Contourner les droits de succession », *Challenges*, n°599, du 28 février au 6 mars 2019, p.70.

Si, au cours de votre vie, votre situation personnelle venait à évoluer (divorce et remariage…), vous devez faire modifier la clause bénéficiaire de votre contrat d'assurance-vie afin que ce soit bien la bonne personne qui reçoive l'argent (et non pas votre ex-mari ou femme par exemple !).

Transmettre via une Société Civile Immobilière (SCI)

La SCI permet de transmettre facilement votre patrimoine immobilier. En effet, c'est la société qui est propriétaire des parts de SCPI. Le capital de la SCI est divisé en parts que vous pourrez progressivement donner aux héritiers (un don de 100 000 euros tous les 15 ans autorisé), tout en conservant l'usufruit (c'est-à-dire les revenus passifs générés par le patrimoine).

L'autre avantage de la SCI est que l'administration fiscale considère que les parts de ce type de société sont moins liquides que celles d'une entreprise cotée en bourse. Cela signifie qu'elle admet une décote, de l'ordre de 10%, sur la valeur des parts de la SCI[39].

Le testament

[39] *Ibid*, p.70.

Le testament est un écrit par lequel une personne exprime ses volontés en cas de décès. Il peut être fait seul (testament olographe) ou à l'aide d'un notaire (testament authentique). Je vous conseille, là encore, de vous instruire fortement sur le sujet de la succession car inévitablement, un jour où l'autre, vous serez confronté à votre décès[40]. Il s'agit d'éviter de laisser vos héritiers dans l'embarras. Avec votre testament, vous pouvez choisir de :

- Transmettre vos biens (legs) après votre décès et décider de leur répartition entre les bénéficiaires (légataires). Attention, il est interdit de déshériter un enfant en France ;
- Désigner une personne chargée d'exécuter vos dernières volontés (appelée exécuteur testamentaire) ;
- Indiquer vos souhaits concernant votre corps (don d'organes, organisation des funérailles, crémation, etc) ;
- Désigner un tuteur pour vos enfants ;
- Reconnaître un enfant.

---

[40] Robert Matthieu, *Transmettre son patrimoine pour les Nuls*, edi8, 2018, 222 p. ; Catherine Janat, *Succession et héritage*, Archipel, 2009, 216 p. ; Sébastien Meaux, *Héritage, donations, testament: Les règles à connaître pour optimiser la transmission de vos biens*, Groupe Express Editions, 2008, 188 p.

Comme vous pouvez le constater, un testament a des implications majeures sur votre patrimoine. Il est révocable par vos soins jusqu'à votre décès. Pour faire un testament, vous devez remplir les conditions suivantes :

- Être sain d'esprit, c'est-à-dire posséder des capacités mentales permettant un discernement et une volonté suffisamment éclairée ;
- Être majeur ou mineur de plus de 16 ans (entre 16 et 18 ans, vous pouvez léguer uniquement la moitié de vos biens sauf si vous êtes mineur émancipé) ;
- Avoir la capacité juridique de disposer de vos biens.

Attention, un testament est toujours individuel ! Vous ne pouvez pas réaliser un testament à deux. Par exemple, vous ne pouvez pas rédiger un seul testament pour vous et la personne avec laquelle vous vivez en couple. Chaque membre du couple doit rédiger son propre testament.

Le coût de réalisation d'un testament dépend de la méthode que vous voulez utiliser. Si vous rédigez un testament olographe, vous n'aurez aucun frais. Sauf si vous le déposez chez un notaire, vous devrez alors régler des frais de garde (environ 30 euros). Vous pouvez rédiger vos dernières volontés seul. Pour qu'il soit valable, votre testament doit respecter les 3 conditions suivantes :

- Être écrit en entier à la main (il ne doit jamais être tapé à l'ordinateur, même en partie) ;
- Être daté précisément (indication du jour, du mois, et de l'année) ;
- Être signé.

Afin d'éviter tout risque d'annulation de votre testament, ou de mauvaise interprétation (ambiguïté…), vous pouvez demander conseil à un notaire pour le rédiger.

Si vous faites établir votre testament devant notaire, vous devrez payer des frais de notaire (environ 130 euros). Ce testament est dit authentique. Vous le dictez à un notaire, en présence de 2 témoins ou d'un autre notaire. Une fois rédigé, le notaire effectue une lecture de votre testament devant les témoins et vous-même. Vous le signez, ainsi que les témoins ou le 2e notaire présent.

Vous pouvez également réaliser un testament dit « mystique » du fait de son caractère secret. Vous le remettez au notaire dans une enveloppe fermée, en présence de 2 témoins. Le notaire conserve votre testament à son étude et s'occupe de le faire enregistrer au fichier central des dispositions de dernières volontés (FCDDV). Sachez néanmoins, qu'en pratique, que cette dernière méthode est peu utilisée en France.

Chapitre 24. Donnez !

L'argent ne vous change pas : il révèle qui vous êtes réellement quand vous n'avez plus besoin d'être sympathique pour gagner votre vie. C'est là que vous devez apprendre à donner. Oui, vous avez bien lu, il faut savoir donner ! Mais pourquoi donc ?

Apprenez à donner

Il y a tant de raisons de donner. En effet, mis à part de l'air pour respirer, de l'eau pour boire, de la nourriture pour s'alimenter et des vêtements pour se protéger des intempéries, l'être humain n'a virtuellement besoin de rien d'autre pour vivre. Observez les vagabonds dans la rue et vous verrez qu'ils n'ont pas beaucoup d'autres besoins que ceux que je viens d'énoncer. Cela signifie que toutes les autres possessions sont superflues et peuvent donc être données (y compris l'argent).

Mais qu'est-ce que donner ? **Donner, c'est offrir un bien, un service, un peu de soi, sans rien attendre en retour**. Ce rien est absolu. Il n'est pas question d'attendre de l'argent, de la gratitude, un autre bien, un autre service, car sinon ce serait un échange. Non, il faut donner, puis passer à autre chose. Il faut veiller à ne rien attendre en retour, à ne pas laisser parler son ego et à ne pas attendre une quelconque gloire, une quelconque reconnaissance sociale.

Revenons maintenant à la question centrale qui nous préoccupe depuis le début de ce chapitre. Pourquoi donner ? Tout simplement parce qu'on en ressort grandi, qu'on apprend à centrer son attention sur ce qui compte, qu'on revoit nos intérêts et que l'on comprend l'influence néfaste que pouvaient avoir certains objets sur nous. **Donner n'est pas inné, il faut l'apprendre**.

Il faut donner, pour apprendre à effectuer un geste aussi désintéressé que possible. Il faut donner pour apprendre à se détacher de ces biens qui nous surchargent. Il faut donner pour apprendre le partage. Il faut donner pour poser un autre regard sur nos proches, nos concitoyens et sur la manière dont peuvent se dérouler les échanges avec eux. **Il faut veiller à ne pas accorder de valeur marchande à tout**.

Certains objets, certains services, certains actes en sont dépourvus et il importe par dessus tout qu'il en soit toujours ainsi. Il faut résister à la tentation de donner de la valeur marchande à chaque chose. **C'est en refusant cette exclusivité de la valeur économique que l'on peut découvrir celles qui sont au-delà : valeur sentimentale, valeur utile, valeur plaisir et bien d'autres qui n'ont peut-être même pas de nom**.

En apprenant à donner de manière généreuse et authentique, vous serez payé en retour très largement. En effet, votre succès à mener une vie plus riche ne dépend pas uniquement de votre capacité à générer des flux de revenus. Il est également lié à votre attitude à l'égard d'autrui. A partir du moment où vous choisissez la voie du succès, vous contribuez à façonner les autres.

Il existe une règle universelle : le donner-recevoir. En effet, la vie est une alternance permanente entre donner et recevoir. Vous avez reçu la vie en cadeau sur cette Terre et il y a tant de choses que vous pouvez donner en échange comme du temps et/ou de l'argent. Si vous n'êtes pas prêt à donner, votre flux d'énergie positive est interrompu.

Il en va de même lorsque vous refusez de recevoir. Si vous n'êtes pas prêt à recevoir, il faut vous demander si vous n'avez pas un problème avec les autres ou une tendance à vous sous-estimer car vous avez peur d'éveiller chez l'autre le sentiment d'une dette. En un mot, donner et recevoir favorise la libre circulation d'énergie positive. Cela contribue à vous sentir meilleur, à apprécier votre existence. C'est bien connu, lorsqu'il y a de la circulation, du mouvement, il y a de la vie !

Donnez de l'argent

Si l'on veut donner, le plus simple est de donner une partie de ses revenus. Ce principe fonctionne tellement bien que toutes les grandes entreprises n'hésitent pas à le mettre en pratique[41]. D'un point de vue matériel, combien faut-il donner ? Objectivement, il n'y a pas de maximum au don d'argent…tant que vous en gardez assez pour pouvoir rester financièrement indépendant. Il y a néanmoins un seuil qui apparaît être le minimum. Même si vous avez aujourd'hui des moyens modestes, **donnez au moins 1% de vos revenus mensuels**.

Si à un moment de votre vie, vous ne sentez plus l'envie de donner à autrui, c'est que vous rencontrez un blocage dans votre évolution personnelle. Cette situation peut être liée à votre travail, à votre entourage, à votre état de santé. Mais, dans tous les cas, n'abandonnez pas le don. Continuez à donner et vous verrez que votre vie finira par aller de mieux en mieux. Soyez généreux et prévenant envers les gens et ils le seront à leur tour envers vous.

[41] *Mac4ever*, « Matching Gift : Apple double les donations de ses employés », 8 septembre 2011, 1 p. (https://www.mac4ever.com/actu/64958_matching-gift-apple-double-les-donations-de-ses-employes - consulté le 27 mai 2017) ; Loïc Venance, « Le mécénat, une constante dans les grandes entreprises françaises », *20 minutes*, 21 octobre 2014, 1 p.

Donnez du temps

Cherchez la meilleure manière de rendre service aux autres. Faites du bénévolat. Faire don de soi pour s'engager au profit des autres est une noble cause. C'est contribuer au bien être de tous. Le monde n'existe pas que pour l'amélioration et la multiplication du genre humain. Il y a mille et une façons d'aider son prochain et la planète. Par exemple, tout le monde a besoin d'un bricoleur de confiance un jour ou l'autre. Rencontrez de nouvelles personnes, discutez, échangez des idées. Au fil de vos contacts, les gens chercheront à mieux vous connaître. Tous ces contacts vous aideront à vous forgerez une meilleure existence.

L'idéal : donnez du temps et de l'argent

Si vous n'avez pas d'argent, donnez du temps. Si vous n'avez pas de temps, donnez de l'argent. Donnez des deux, c'est le mieux ! Il n'y a aucune incompatibilité entre le fait de donner et de faire du profit, bien au contraire. Il s'agit d'un juste retour des choses puisque le don est un mécanisme de redistribution.

Les riches savent donner de l'argent mais également du temps. Un exemple ? Bill Gates, l'homme le plus aisé du monde, finance la fondation caritative la plus riche de la planète tout en s'y investissant personnellement[42]. Il y a également un intérêt très pragmatique à savoir donner du temps et de son argent. Si vous créez un bien ou un service (livre, site internet…) mais que personne ne s'y intéresse, vous ne réussirez pas. L'un des meilleurs moyens de se faire connaître, c'est de donner généreusement.

Plus vous donnerez du temps et de l'argent et plus vous vous sentirez rechargé en énergie positive, harmonieux, fortifié, équilibré, soulagé, plein de joie de vivre et de courage pour changer des choses dans votre vie, voire dans le monde. Rien n'est difficile à accomplir. Tout est une question de choix et d'actions prises en conséquence de ces choix.

Choisissez vos causes à défendre

Dans quelle(s) cause(s) s'investir ? Et bien, c'est là que vous avez un nouveau travail à faire. Prenez un carnet et un stylo. Notez-y dessus une liste de choses qui vous touchent particulièrement. Par exemple, vous êtes attaché à la protection

---

[42] Alexandre Duyck, « Comment donner des milliards », *JDD*, 2 avril 2011, 3 p. ; *Clubic*, « La fondation de Bill Gates devient plus riche que le FMI », 12 juillet 2012, 1 p. (http://www.clubic.com/actualite-54271-.html - consulté le 27 mai 2017) ; Daniel Ichbiah, « Le monde selon Bill Gates : comment l'homme le plus riche du monde s'est converti au Bien », *Atlantico*, 26 juin 2015, 2 p.

de l'environnement, à la promotion de l'égalité homme-femme ou encore à la recherche contre le cancer ? Écrivez la liste de toutes les causes qui vous touchent.

VOS CAUSES À DÉFENDRE

Soyez pragmatique dans votre approche du don. Réfléchissez sur votre vie. La plupart du temps, vous vivez dans une ville (ou à proximité). Si vous vous baladez un peu, vous sortez de votre ville pour aller dans votre région. Quelques fois dans l'année, vous faites un grand voyage dans le pays pour aller voir toute la famille. Et enfin, une ou deux fois par an, vous partez à l'étranger. C'est un portrait-type du Français moyen que je vous dresse là. Partant de ce mode de vie « standard », voici une suggestion :

1) **donnez en faveur de votre ville**. Pourquoi ? Parce que c'est là que vous passez le plus de temps. Donc, autant contribuer à faire de votre ville le meilleur endroit où vivre sur Terre.

2) **donnez en faveur de votre région**. Vous connaissez très certainement des enjeux particuliers à défendre au niveau régional.

3) **donnez en faveur de votre pays**. Ici, ce sont les causes de grande ampleur que vous pouvez défendre : l'éducation, la santé…

4) **donnez en faveur du reste du monde**. Dans ce dernier cas, il s'agit de défendre des causes ayant un caractère universel :

protection de l'enfance, des femmes, des connaissances…

Si vous suivez cet ordre pour investir du temps et de l'argent, vous contribuerez, à votre échelle, à rendre le monde meilleur. Vous vous sentirez plus heureux d'y vivre.

Pour finir sur le don, si vous n'avez ni conjoint, ni enfants, ni famille (oui cela arrive de plus en plus dans notre société) à qui léguer votre patrimoine, rien n'est perdu ! En effet, vous pouvez toujours faire un don de vos possessions pour une cause qui vous tient à cœur. Cela peut être, par exemple, l'éducation, la recherche médicale ou encore l'aide aux personnes vivant dans la précarité. Si vous êtes intéressés par cette solution, vous pouvez contacter la Fondation de France qui vous aidera dans votre démarche[43].

[43] Fondation de France (https://www.fondationdefrance.org/fr - consulté le 15 avril 2019).

Conclusion

Au terme de cet ouvrage, vous avez découvert comment vous enrichir avec les SCPI. Une fois que vous aurez atteint l'indépendance financière, vous serez libre de votre existence. Vous pourrez tout à fait continuer à travailler si cela vous fait plaisir. Vous pourrez également vous consacrer à d'autres projets plus personnels. C'est cela la véritable liberté individuelle.

Toutes les idées qui ont été présentées dans ce livre sont accessibles à la plupart d'entre vous et n'attendent uniquement que vous les mettiez en oeuvre ! Vous devez être conscient que **la seule chose qui vous permettra réellement de vous enrichir ce n'est pas de prendre la décision de le faire mais d'agir**. Je ne soulignerai jamais assez le fait qu'il est important pour vous de mettre votre argent au travail le plus rapidement possible.

Les principes évoqués sont simples, efficaces et raisonnablement faciles à appliquer. Vous savez désormais qu'un investisseur immobilier efficace est quelqu'un qui a compris que :

- les SCPI permettent de générer un revenu passif permettant d'obtenir la liberté financière ;

- l'immobilier est une classe d'actif favorisant l'enrichissement mais qui n'est pas à l'abri des cycles économiques ;
- l'inflation est votre pire ennemi avant l'impôt ;
- la recherche de défiscalisation avant celle de revenus supplémentaires est une erreur.

Dans l'optique de générer un revenu durable et en hausse régulière, **vous vous intéresserez uniquement à la pérennité du dividende et à sa progression**. Dans la mesure où votre préoccupation est de générer un flux de revenus, l'évolution du prix de la part des sociétés que vous détenez ne vous intéresse pas.

Rappelez-vous toujours **en tant qu'investisseur dans les SCPI, vous êtes copropriétaire d'une société bien réelle qui emploie de véritables gens, qui gère des biens tangibles et qui entretient de vraies relations avec ses locataires**. La « pierre papier » n'est pas du vent ! Tout ce que vous possédez est bien réel ! En tant qu'investisseur, vous cherchez bien sûr à vous enrichir mais, ce faisant, votre argent sert également au développement économique du pays dans lequel vous investissez.

Combien de temps mettrez-vous pour devenir rentier ?

Cela dépend exclusivement de vous. Plus vous investissez de capital et plus vite vous atteindrez l'indépendance financière. Ce dont vous devez être conscient, c'est que **l'investissement dans les SCPI répond à un objectif de long terme, tout comme l'immobilier en direct**. Vous ne devez pas envisager d'investir en parts de SCPI si votre horizon d'investissement est inférieur à 15 ans. Il est illusoire de vouloir trouver une rentabilité rapide des capitaux investis si vous choisissez la pierre papier.

Ne cessez jamais d'apprendre sur l'immobilier, tout comme sur les finances personnelles. Le monde change. Aujourd'hui plus rapidement qu'auparavant. Ce qui était vrai hier ne le sera pas obligatoirement demain. Achetez des livres et investissez dans des formations sur l'économie. Si vous trouvez la connaissance trop chère, essayez l'ignorance. Vous m'en direz des nouvelles !

J'espère sincèrement que ce livre vous aura apporté autant de plaisir que j'en ai eu à l'écrire. Si vous pensez qu'il vous a réellement apporté quelque chose, n'hésitez pas à l'offrir et à partager avec vos proches tout ce que vous avez appris.

*

*   *

Une dernière chose…

Ce livre a été réalisé en autoédition. Cela signifie qu'il n'est pas promu par un éditeur mais essentiellement par le bouche à oreille.

Vous avez apprécié cet ouvrage ? Alors faites-le faire savoir à d'autres lecteurs ! N'hésitez pas à laisser votre commentaire en ligne. Cela ne vous prendra qu'une minute et ce sont toujours les lecteurs qui parlent le mieux des livres. Vous pouvez également contribuer à la diffusion du savoir de cet ouvrage en en parlant autour de vous ou sur les réseaux sociaux.

Prolongez votre expérience en explorant mon site internet qui propose de nombreuses informations complémentaires sur les thèmes abordés par mes ouvrages :

https://soyez-riche.blogspot.com

Si vous souhaitez me contacter, vous pouvez me joindre à l'adresse mail suivante :

ML4ContactMe@gmail.com

Merci et à bientôt !

Ludovic MARIN.

Sources

Journaux

Capital, « La vérité sur la facture EDF : elle a augmenté de plus de 37% en 10 ans » (http://www.capital.fr/votre-argent/la-verite-sur-la-facture-edf-elle-a-augmente-de-plus-de-37-en-10-ans-1138729 - consulté le 6 août 2017).

Capital, « Les SCPI les plus prometteuses pour le classement 2019 », 08 novembre 2018, 1 p.

Mediaseine, « Immobilier : faut-il investir son capital en parts de SCPI » ?, 13 août 2019, 1 p.

Naol, « La crise des SCPI : 1993-1997 », 29 novembre 2018 (https://blog.nalog.fr/crise-scpi-1993-1997/ - consulté le 30 juillet 2019).

Internet

Fondation de France (https://www.fondationdefrance.org/fr - consulté le 15 avril 2019).

SCPI Online, « Le point sur la fiscalité des Sociétés Civiles de Placement dans l'Immobilier » (https://www.scpi-online.com/fiscalite-scpi/ - consulté le 21 décembre 2018).

Strupczewski (Jan), Koranyi (Balazs), « L'inflation en zone euro conforte la BCE dans ses choix », *L'usine nouvelle*, 31 octobre 2018, 1 p.

Bibliographie

Desplace (Louis), *Guide pratique pour créer et bien gérer sa SCI*, 2010, 263 p.

Janat (Catherine), *Succession et héritage*, Archipel, 2009, 216 p.

Matthieu (Robert), *Transmettre son patrimoine pour les Nuls*, edi8, 2018, 222 p.

Meaux (Sébastien), *Héritage, donations, testament: Les règles à connaître pour optimiser la transmission de vos biens*, Groupe Express Editions, 2008, 188 p.

Table des matières

NOTES PERSONNELLES

Printed by Amazon Italia Logistica S.r.l.
Torrazza Piemonte (TO), Italy

11004210R00114